超かんたん！

野菜ソムリエさやが教える

重ねて煮るだけレシピ

さや

JN208343

飛鳥新社

2

はじめに

はじめまして、野菜ソムリエのさやです。
Instagram を中心に、「野菜をラクしておいしく食べる方法」を発信しています。

現在、娘ふたりの子育て中ですが、ふたり目の出産の際に、切迫早産で 2 カ月入院。
寝たきりの生活を経た産後は想像以上にダメージが大きく、
家族においしいごはんを作りたい気持ちはあっても、体力も心の余裕もない……。
野菜を買っては傷ませることを繰り返し、自己嫌悪に陥っていました。

長女の野菜嫌いも重なり、悩んでいたときに出会ったのが「重ね煮」という調理法。
冷蔵庫にある野菜を規則通りに重ねて煮るだけでびっくりするほどおいしく、
野菜を口にしなかった長女もすすんで食べてくれました。
初めて作ったのは豚汁。
娘がおかわりをしてくれたときの感動は今も忘れません。

このおいしさを多くの人に伝えたい。私と同じように悩む人に届けたい。
その一心で野菜ソムリエの資格を取り、野菜や重ね煮について学びました。
重ね煮は歴史ある調理法ですが、本書のレシピはあくまで私流。
重ね煮の素晴らしさを継承しながら、より作りやすく、食べやすく考えました。
それが、さや流の「重ねて煮るだけレシピ」です。

SNS でレシピを発信すると
「重ねて煮るだけで、今までで 1 番、野菜をおいしく感じた」
「野菜嫌いの子どもが夢中で食べてくれてうれしくて涙が出た」
など、毎日のように喜びの声が届くようになりました。

私自身も野菜本来の味を楽しむ中で、やさしい味を好むようになったり、
体調不良が長引くことも減りました。

本書のレシピは、難しい工程も、特別な調理器具も必要ありません。
レシピ通りに作って慣れてきたら、冷蔵庫に余っている野菜と入れ替えたり、
味つけを変えてみたり、アレンジをして楽しんでください。

この本が、野菜をラクしておいしく食べる手助けになったらうれしいです。

野菜ソムリエ
さや

Contents

Part 1
鍋ひとつで作れる
重ねるだけおかず

フライパンでお手軽蒸し料理
キャベツとえのきで作る包まないビッグ焼売

Part 2
重ねておいしい
ワンディッシュ

えのきとトマトのうまみたっぷり

Part 3
野菜がたっぷり食べられる
汁物と副菜

主役になる汁物

Part 4
ストック重ね煮と
アレンジおかず

Column

重ねて煮るだけレシピのメリット

レシピの順に重ねて 少しの塩と水の力で 野菜のうまみと甘みを引き出す!

「重ねる前に入れる塩」と「重ねてから加える水」、「煮ている間に出る野菜の水分」が根菜類やお肉をやわらかくします。うまみを引き出してから味つけするので、調味料は最小限でOK。野菜の甘みが引き立つやさしい味わいで、野菜が苦手なお子さんにも好評です! 煮物はもちろん、汁物や炒め物、和え物、サラダも作れますよ。

食材の大きさをそろえる& 重ねて煮ることで火が 均等に入り、煮崩れも防げる!

食材の大きさをそろえて切ることで、火の通りが均一になります。火加減はメニューに合わせて「弱火でじっくり」「中火でさっ」とを使い分け。きれいに重ねて煮るので、煮崩れもしにくいです。

この "重ねる順番" がポイント!

水分が多く、火の通りやすい食材を最初に入れてその上に根菜類を重ね、さらに肉や魚、油揚げなどを重ねます。下に水分の多い食材があることで、火が通りにくい根菜や肉などをじっくり蒸すことができるので、それぞれの素材のおいしさを引き出せます。詳しい食材の重ね方はp.8へ。

1 **切る**　食材を切る、下ごしらえをする

2 **重ねる**　塩を振り、レシピの「重ねる食材」を番号順に重ねる

3 **煮る（蒸す）**　水やだし汁を加え、ふたをして煮る

4 **仕上げる**　混ぜたり、味つけをして仕上げる

1品で野菜をたっぷり食べられる！

数種類の野菜を重ねるとおいしくなります。加熱することでかさがぎゅっと減るので、1品で野菜をたくさん摂ることができます。

皮つきでおいしく食べられる！

玉ねぎと里いも以外は、基本的に皮つきのままでOK。本書のレシピで作ると、野菜の皮やアクもうまみに変わります。

作業場所は最小限。鍋とふたがあればはじめられる！

野菜がおいしくなるヒミツ

重ねて煮るだけレシピのポイントは、食材を重ねる順番にあります。
下記の重ね方早見表に沿って鍋に入れるだけでおいしくなります。

食材の重ね方早見表

水分が少ない

肉・魚介類・加工品
- 鶏肉、豚肉、牛肉、ひき肉など
- 魚の切り身、あさりの水煮など
- ベーコン、ウインナーソーセージ、かに風味かまぼこ、ツナ缶、ちりめんじゃこ、しらす干し、ちくわなど

豆・豆加工品・果実加工品
- 大豆の水煮、油揚げなど
- ドライフルーツなど

根菜類・加工品
- 大根、かぶ、玉ねぎ、にんじん、ごぼう、れんこん、切り干し大根（水で戻す）など

いも類・かぼちゃ
- じゃがいも、里いも、さつまいもなど
- かぼちゃ

葉菜・果菜類・果実・加工品
- キャベツ、もやし、白菜、長ねぎ、セロリ、ほうれん草、小松菜、チンゲンサイ、グリーンアスパラガス、白菜キムチなど
- トマト、なす、ズッキーニ、パプリカ、ピーマン、オクラ、スナップエンドウ、カットトマト缶など
- りんご

きのこ・海藻類・こんにゃく・春雨
- エリンギ、しめじ、えのきたけ、生しいたけ、まいたけなど
- ひじき（乾物は水で戻す）など
- こんにゃく
- 春雨

水分が多い

- レシピの材料表の「重ねる食材」内に記載している食材です。レシピには入れる順番を記載していますが、多少入れ替わっても大丈夫。気軽にトライしてください。
- 鍋以外のフライパンやホイル包み、炊飯器でも重ね方は同じです。
- 記載していない食材でも、同じ分類の層に入れてアレンジできます。

各食材のポイント

きのこ・海藻類・こんにゃく・春雨

きのこは水分量が多く、うまみもたっぷり。重ねて煮るだけレシピでは欠かせない万能食材です。乾物を使う場合は、水で戻してから入れてください。ただし、春雨はそのまま使います。

葉菜・果菜類・果実・加工品

身近でよく使う野菜が中心。種類が多いので、迷ったときはトマトなど水分量の多い実のものから入れて、葉物を上に重ねてください。この層の野菜は鍋に入れるとかさがありますが、加熱するとぎゅっと減ります。

いも類・かぼちゃ

一口大など、大きめにカットして使うことが多いいも類は根菜の下へ。この位置で煮ると煮崩れしにくく、ほっくり火が通せます。かぼちゃは分類的には果菜類ですが、火の通りがいも類に近いのでここに入れます。

根菜類・加工品

根菜によって水分量が異なるので、一度に数種類使う場合は大根や玉ねぎなど水分量が多いものを下に、にんじんやごぼうを上にすると火の通りが均一になります。乾物の切り干し大根は、水でサッと戻して使います。

豆・豆加工品・果実加工品

水煮の豆類、ドライフルーツはそのまま使用。豆腐や厚揚げを使うときは、ここに入れてください。ただし豆腐を汁物に入れる場合は、仕上げるときに加えてサッと火を通すのがおすすめです。

肉・魚介類・加工品

一番上にのせて野菜などの水分の力で加熱します。肉、ひき肉、ベーコンやウインナーも野菜と同様に重ならないように広げてのせるのがポイント。鶏肉は皮目を下にしてのせるとうまみが出やすく、変色も防げます。

覚えておきたい調理のコツ

重ねる前に塩をひと振り

最初に振り入れる塩は、水分が蒸発する手助けや野菜の甘みを引き出す役割をしています。塩分が気になる方は省いてもOK。その場合、水分の対流に時間がかかる可能性があるので、加熱が足りなければ調整してください。

鍋いっぱいに広げて重ねる

レシピの「重ねる材料」は、写真のように1食材ずつ順番に重ねていきます。1箇所にかたよらないように、鍋いっぱいに広げてのせるのがポイントです。

重ねたあとに水を加える

無水調理の重ね煮もありますが、本書では塩と水を加えてふたをし、弱～中火で加熱します。水分の力を利用することで火が通りにくい根菜類などもじっくり蒸されてやわらかくなり、素材本来の味が引き立ちます。水を加えるので焦げにくく、ご家庭にある鍋で気軽にはじめられます（おすすめの鍋は、p.14へ）。

最後に水分を飛ばして味を凝縮

蒸し煮にするので、加熱後は野菜から水分も出て汁けが多い状態です。仕上げに味つけする際は、混ぜながら汁けを飛ばすと味が締まっておいしくなります。

野菜が
おいしくなる
ラタトゥイユを
作ってみよう！

まずは、野菜のみで作るラタトゥイユで
重ねて煮るだけレシピの手順を解説。

野菜のうまみ満点 ラタトゥイユ

材料 （2〜3人分）

重ねる食材
❶ トマト … 1個 (200g)
❷ なす … 1本 (80g)
❸ ズッキーニ … 1本 (200g)
❹ パプリカ（赤・黄）… 各½個（各70g）
❺ 玉ねぎ … ½個 (100g)
❻ にんじん … 3cm (30g)

塩 … 少々
水 … 70㎖
A ⌈ トマトケチャップ … 大さじ1〜
　⌊ 顆粒コンソメ … 小さじ1〜
塩（仕上げ用）、こしょう … 各少々

作り方

切る

重ねる

❶ トマトは一口大、❷ なす、❸ ズッキーニ
は1cm幅の輪切り、❹ パプリカは2cm角、
❺ 玉ねぎは縦薄切り、❻ にんじんは皮つき
のまま5mm幅の半月切りにする。

● 材料の大きさをそろえると火の通りが均一に。好み
　で小さめの角切りにしてもOK。

鍋に塩を振り入れ、重ねる食材を❶〜❻の
順に重ねて入れる。

● 鍋いっぱいに広げて重ねる。上から押さえなくても
　OK。

- 夏野菜（トマト、なす、ズッキーニ）は水分量が多いので、鍋に入れる水は少なめです。
- 野菜の水分が出るので味が濃くなり、肉や魚にかけたり、パスタソースにしたり、アレンジが可能です。

煮る

弱火
15～20
min

仕上げる

分量の水を加え、ふたをして弱火で15～20分野菜がやわらかくなるまで煮る。

- 水を加えて弱火でじっくり蒸し煮にすることで、野菜のうまみが引き出される。

ふたを取り、**A**を加えて中火にし、汁けが少なくなるまでときどき混ぜながら煮る。塩（仕上げ用）、こしょうで味をととのえる。

- 野菜のうまみを引き出してから味つけするので味が決まりやすい。
- 最後に汁けをしっかり飛ばして、うまみをぎゅっと凝縮する。

重ねて煮るだけレシピにおすすめの鍋

しっかり密閉できる厚手の鍋がおすすめですが、
家にある鍋とピッタリ閉まるふたがあれば十分おいしく作れます。
まずは手持ちのもので試してみてください。

ふたつきの
しっかり密閉
できるものを選んで！

ふたに穴が空いていたら！
箸などを刺してふさぐと
密閉できます。

直径20.5cmの鋳物鍋

本書で使用しているのはル・クルーゼのココット・ロンド。厚手の鋳物鍋は優れた熱伝導と蓄熱性を兼ね備えているため、重ねて煮るだけレシピにぴったりです。重いふたでしっかり密閉できるので鍋の中で対流が起きやすく、食材に均一に火が通ってやわらかくなるうえ、煮崩れも防げます。ステンレス製の多層鍋もおすすめです。

直径16〜18cmの片手鍋

副菜など分量が少ないレシピは、小さめの片手鍋でもOK。内側がフッ素樹脂加工などでコーティングされているとより焦げつかず安心です。アルミの鍋は熱伝導率が高いのでじっくり加熱するものには不向きですが、ひじきの煮物やきんぴらなど、さっと加熱するレシピには向いています。

直径21cmのフライパン

深さのあるふたつきのフライパンでも調理可能です。手軽なフライパン蒸しも重ねて作ればいつもよりおいしくなります。本書でもおすすめのレシピを紹介しているので、ぜひお試しを（p.40）。鉄のフライパンは焦げつきやすいので、コーティング加工されているものを使ってください。

本書の レシピについて	●大さじ1＝15㎖、小さじ1＝5㎖です。 ●材料の「重ねる食材」に記載した番号は、鍋に入れる順番です。切って下ごしらえをしたら、番号順に鍋に入れてください。 ●野菜は洗う、ヘタを取るなどの通常の下ごしらえは省略しています。特に表示のない限り、その作業をしてから調理に入ってください。 ●火加減や加熱時間、水の量はレシピを目安にし、様子を見ながら調整してください。 ●保存期間は目安です。

\ 鍋ひとつで作れる /

重ねるだけ
おかず

鍋に重ねて煮るだけで
メインのおかずが作れるお手軽レシピです。
定番の煮物はもちろん、炒め物や蒸し物も
重ねることで驚くほどおいしくなります！

えのきと鶏ももの肉じゃが

作り方 ➡ p.19

弱火
25
min

えのきと鶏ももの肉じゃが

煮溶けてしまいがちなじゃがいもも煮崩れしにくく、
一口大でも形がしっかり残って食べごたえもあります。

材料 （3〜4人分）

重ねる食材
- ❶ えのきたけ… ½株 (100g)
- ❷ じゃがいも… 2個 (200g)
- ❸ 玉ねぎ… 1個 (200g)
- ❹ にんじん… ½本 (90g)
- ❺ 鶏もも肉… 1枚 (300g)

塩… 少々
水… 100㎖
A ┌ しょうゆ… 大さじ2と½〜
　└ みりん… 大さじ2〜

作り方

切る

❶えのきは石づきを落とし、半分の長さに切ってほぐす。❷じゃがいもは皮つきのまま一口大、❸玉ねぎは半分に切って1㎝幅のくし切り、❹にんじんは皮つきのまま一口大の乱切りにする。❺鶏肉は塩、こしょうを各少々（分量外）振る。(a)

重ねる

鍋に塩を振り入れ、重ねる食材を❶〜❹の順に重ね (b)、❺は皮目を下にしてのせる (c)。

煮る

分量の水を加えてふたをし、弱火で25分具材に火が通るまで煮る。

仕上げる

ふたを取り、鶏肉をキッチンばさみやしゃもじで一口大に切る。Aを加えて、中火にしてときどき混ぜながら汁けが少なくなるまで煮る (d)。

Point

- じゃがいもの中でも煮崩れしにくいのは、ねっとり食感が特徴のメークインです。ホクホク食感を楽しむなら、男爵いもなどがおすすめ。
- 野菜はじゃがいもの大きさにそろえて切ると、火が均一に通せます。
- しらたきを使う場合は、50gを一番下に入れてください。

玉ねぎとにんじんたっぷり
ポークケチャップ

作り方 ➡ p.22

にんじんとたらのみそ煮

作り方 ➡ p.23

玉ねぎとにんじんたっぷり
ポークケチャップ

子どもも大好きなポークケチャップ。重ねて煮ることで
野菜から甘みが出るので、砂糖なしでおいしく仕上がります。

材料 （2人分）

重ねる食材
❶ 玉ねぎ … ½個（100g）
❷ にんじん … 5cm（50g）
❸ 豚こま切れ肉 … 200g

塩 … 少々
水 … 30㎖
┌ トマトケチャップ … 大さじ3
A ウスターソース … 大さじ1
└ 顆粒コンソメ … 小さじ1
バター … 5g

作り方

切る

❶玉ねぎは縦1cm幅に切り、❷にんじんは縦細切りにする（a）。

重ねる

鍋に塩を振り入れ、重ねる食材を❶❷の順に重ね（b）、❸を広げてのせる（c）。

煮る

分量の水を加えてふたをし、弱火で5分煮る。

仕上げる

ふたを取り、中火にして汁けを飛ばすように炒めて豚肉に火を通す。Aを加えて煮絡め、バターをのせて混ぜる（d）。

a

b

c

弱火
5
min

d

Point

● 追加で、きのこ類を一番下に入れて作ってもおいしいです。
● 最後にバターを入れるとコクが出ますが、入れなくてもOKです。
● 豚肉は、豚バラの薄切り肉にしてもおすすめです。

にんじんとたらのみそ煮

魚料理もこの調理法と相性バッチリ。
弱火でゆっくり蒸すとパサつかず、しっとり仕上がります。

材料 （2人分）

重ねる食材

❶ しめじ…½株（50g）
❷ キャベツの葉…2枚（100g）
❸ 長ねぎ…½本（100g）
❹ にんじん…3㎝（30g）
❺ 生たらの切り身…2切れ

塩…少々
A「みそ…大さじ1と½
　みりん…大さじ1と½
　しょうゆ…大さじ1
水…60㎖

作り方

切る

❶ しめじは石づきを落としてほぐす。❷ キャベツは一口大のざく切り、❸ 長ねぎは1㎝幅の斜め切り、❹ にんじんは2㎜厚さの短冊切り、❺ たらは塩を少々（分量外）振って15分おき、水けを拭き取って半分に切る（a）。

a

重ねる

鍋に塩を振り入れ、重ねる食材を❶〜❹の順に重ねて入れる（b）。一番上に❺を重ねて、混ぜ合わせたAを❺に等分に塗る（c）。

b

煮る

分量の水をみそにかからないように鍋の縁から注ぎ入れてふたをし、弱火で10分煮る。

仕上げる

ふたを取り、中火にしてたらを崩さないように全体を混ぜながら汁けを飛ばすように煮詰める（d）。

c

弱火
10
min

d

Point

● みそだれをたらに直接塗って煮ることで、味をしみ込ませておきます。これだけで味が決まります。
● たらは崩れやすいので、混ぜるときは端に寄せてから全体をざっくりと混ぜてください。

かぶとベーコンの野菜たっぷりポトフ

野菜とベーコンのうまみでだしいらず！
ごろごろ野菜でメインのおかずになります。

材料 （3〜4人分）

重ねる食材

❶ キャベツ … ¼個（200g）
❷ かぶ … 2個（160g）
❸ にんじん … ⅔本（120g）
❹ ブロックベーコン … 10cm

塩 … 少々
水 … 500〜600㎖
塩（仕上げ用）、こしょう … 各適量

作り方

切る

❶キャベツは一口大のざく切り、❷かぶは実を皮つきのまま5〜6等分のくし切り、❸にんじんは皮つきのまま一口大の乱切り、❹ベーコンは1cm幅に切る（a）。

重ねる

鍋に塩を振り入れ、重ねる食材を❶〜❹の順に重ねて入れる（b）。

煮る

分量の水を加えてふたをし、弱火で25〜30分野菜がやわらかくなるまで煮る。

仕上げる

ふたを取り、全体を混ぜ合わせて塩（仕上げ用）、こしょうで味をととのえる（c）。

a

b

弱火
25〜30
min

c

Point

● 野菜を楽しむやさしい味つけなので、最後に味をみて好みの塩加減に調節してください。コンソメを加えてもOK。
● かぶは大根よりも甘みがあり、重ねてじっくり煮ることでさらに甘みが増します。
● かぶがない場合は、玉ねぎや大根、じゃがいもなどで代用可能です。

根菜のうまみ広がる
ほったらかし筑前煮

切って重ねて蒸し煮にするだけ。
子どもが苦手な根菜が皮つきでおいしく食べられます。

材料　（3〜4人分）

重ねる食材
❶ こんにゃく…½枚（120g）
❷ 生しいたけ…3枚（45g）
❸ にんじん…⅔本（120g）
❹ ごぼう…⅓本（60g）
❺ れんこん…50g
❻ 鶏もも肉…1枚（300g）

塩…少々
水…200㎖
A「 しょうゆ…大さじ1と½
　└ みりん…大さじ1と½

作り方

切る

❶こんにゃくは食べやすい大きさにちぎり、❷しいたけは軸を落として四つ割り、❸にんじん、❹ごぼう、❺れんこんはそれぞれ皮つきのまま一口大の乱切り、❻鶏肉は塩、こしょうを各少々（分量外）振る（a）。

重ねる

鍋に塩を振り入れ、重ねる食材を❶〜❺の順に重ね（b）、❻は皮目を下にしてのせる（c）。

煮る

分量の水を加えてふたをし、弱火で20〜25分具材に8割ほど火が通る（鶏肉が白くなる）まで煮る。

仕上げる

ふたを取り、鶏肉をキッチンばさみやしゃもじで一口大に切る。Aを加えて中火にし、汁けが少なくなるまでときどき混ぜながら煮る（d）。

Point
● 野菜の大きさをそろえましょう。
● 火が通りにくい根菜類でも、重ねて煮ることで均一に火が通り、じっくり蒸されてやわらかくなります。

a

b

c

弱火
20〜25
min

d

ほうれん草としいたけの
うまみたっぷり春雨チャプチェ

作り方 ➡ p.30

ごぼうとまいたけの牛甘辛炒め

作り方 ➡ p.31

ほうれん草としいたけの
うまみたっぷり春雨チャプチェ

春雨は乾燥のまま入れて戻しながら煮るので、
味がしっかりしみ込みます。

材料 （2人分）

重ねる食材
① 春雨（乾燥）… 50g
② 生しいたけ… 2枚（30g）
③ ほうれん草
　　… 1/2束（100g）
④ にんじん… 5cm（50g）
⑤ 豚ひき肉… 200g

塩… 少々
A ┌ 水 … 200ml
　│ 砂糖 … 大さじ1
　│ しょうゆ… 大さじ1
　└ オイスターソース… 大さじ1
ごま油… 小さじ1
塩（仕上げ用）、こしょう… 各適量

作り方

切る

① 春雨は鍋に入る長さに切り、② しいたけは石づきを落として、傘は細切り、軸は細く裂く。③ ほうれん草はざく切り、④ にんじんは縦細切りにする（a）。

a

重ねる

鍋に塩を振り入れ、重ねる食材を①〜④の順に重ね（b）、⑤をほぐしてのせる（c）。

b

煮る

混ぜ合わせたAを加えてふたをし、中火で7分煮る。

仕上げる

ふたを取り、ごま油を加えて炒め、塩（仕上げ用）、こしょうで味をととのえる（d）。

c

中火
7
min

d

| Point /

● ほうれん草は生から煮ると歯ざわりがよく、味も濃くなります。アクが気になる場合は、水にさらしてから使ってください。

ごぼうとまいたけの牛甘辛炒め

牛肉に香り豊かなまいたけとごぼうを組み合わせた一品。
甘じょっぱくてごはんが進みます。

材料 （2〜3人分）

重ねる食材
❶ まいたけ
　…1/2パック（50g）
❷ 長ねぎ…1/2本（100g）
❸ ごぼう… 15cm（50g）
❹ 牛こま切れ肉… 200g

塩… 少々
水… 50ml
「 しょうゆ… 大さじ1と1/2
A
└ みりん… 大さじ1と1/2

作り方

切る

❶まいたけはほぐし、❷長ねぎは
斜め薄切り、❸ごぼうは皮つきの
まま十字に切り込みを入れてピー
ラーで薄く切る（a）。

重ねる

鍋に塩を振り入れ、重ねる食材を
❶〜❸の順に重ね（b）、❹を広げ
てのせる（c）。

煮る

分量の水を加えてふたをし、弱火
で10分煮る。

仕上げる

ふたを取り、Aを加えて中火にし、
汁けがなくなるまで炒める（d）。

a

b

c

弱火
10
min

d

Point

● ごぼうのアクはポリフェノール
で、体にもうれしい成分。皮つ
きのままアク抜きしないで使い
ます。
● 泥つきごぼうの場合は、たわし
などでよく洗ってください。

ほっくほくの里いも煮

コトコト蒸し煮にするだけ。
しいたけと牛肉のうまみとほっくほくの里いもがたまりません。

Point

● 里いもは洗ったら干すなどしてしっかり乾かすと、皮をむくときにぬめりが出にくくなります。手に酢をつけて作業するのも効果的です。

材料 （2〜3人分）

重ねる食材

① こんにゃく
　…½枚（120g）
② 生しいたけ…2枚（30g）
③ 里いも…2個（100g）
④ にんじん…6cm（60g）
⑤ 牛薄切り肉…150g

塩…少々
水…100mℓ
┌ しょうゆ…大さじ1と½〜
A
└ みりん…大さじ1と½〜

作り方

切る

① こんにゃくは食べやすい大きさにちぎり、② しいたけは石づきを落として、傘は細切り、軸は細く裂く。③ 里いもは皮をむき、④ にんじんは皮つきのままそれぞれ一口大の乱切りにする。⑤ 牛肉は食べやすく切る（a）。

重ねる

鍋に塩を振り入れ、重ねる食材を①〜④の順に重ね、⑤を広げてのせる（b）。

煮る

分量の水を加えてふたをし、弱火で20〜25分野菜がやわらかくなるまで煮る。

仕上げる

ふたを取り、Aを加えて中火にし、混ぜながら汁けが少なくなるまで煮る。

a

b

弱火
20〜25
min

青椒肉絲風炒め

豚バラに下味と片栗粉をつけて加熱することで、
味がまとまります。

材料 （2〜3人分）

重ねる食材
① 長ねぎ … ½本（100g）
② ピーマン … 3個（90g）
③ 豚バラ薄切り肉 … 200g
A ｢ 酒、しょうゆ、片栗粉 … 各小さじ1

塩 … 少々
水 … 50㎖
B ｢ しょうゆ … 大さじ½
オイスターソース … 大さじ½
塩（仕上げ用）、こしょう … 各適量

作り方

切る

① 長ねぎは斜め薄切り、② ピーマンは5㎜幅の細切りにする。③ 豚肉は4㎝幅に切り、Aをもみ込む（a）。

重ねる

鍋に塩を振り入れ、重ねる食材を①〜②の順に重ね、③を広げてのせる（b）。

煮る

分量の水を加えてふたをし、弱火で10分煮る。

仕上げる

ふたを取り、Bを加えて中火にし、汁けがなくなるまで炒める。豚肉に火が通ったら、塩（仕上げ用）、こしょうで味をととのえる。

a

b

弱火
10
min

キャベツと鶏ももの塩煮

少しの塩と酒、水で蒸し煮にして食材の味を引き出します。
お鍋のように手軽に楽しめるシンプルな一品です。

材料　（3〜4人分）

重ねる食材
❶ しめじ … 1株（100g）
❷ キャベツ … 1/4個（200g）
❸ 大根 … 10cm（250g）
❹ 鶏もも肉 … 1枚（300g）

塩 … 少々
A「 水 … 大さじ4
　└ 酒 … 大さじ3

作り方

切る

❶しめじは石づきを落としてほぐす。❷キャベツは一口大のざく切り、❸大根は皮つきのまま1cm角に切る。❹鶏肉は一口大に切って塩、こしょうを各少々（分量外）振る（a）。

重ねる

鍋に塩を振り入れ、重ねる食材を❶〜❸の順に重ね（b）、❹は皮目を下にしてのせる（c）。

煮る

Aを加えてふたをし、弱火で20〜25分具材に火が通るまで煮る。

仕上げる

ふたを取り、全体を混ぜて中火にし、ときどき混ぜながら2〜3分煮る（d）。食べるときに好みでポン酢しょうゆ（分量外）をつける。

a

b

c

弱火
20〜25
min

d

Point

● 大根は上部が水分が多くて甘く、中部はほどよい水分量と辛味があり、下部が水分量が少なく辛味が強いです。煮物に向いているのは中部ですが、重ねて煮る場合は甘みが出やすいので下部でもよいです。

なすと玉ねぎの肉みそ炒め

細かく切った野菜とひき肉を蒸してみそで炒めた甘辛味。
ごはんにのっけてめし上がれ！

材料 （3〜4人分）

重ねる食材
❶なす… 2本（160g）
❷玉ねぎ… ½個（100g）
❸豚ひき肉… 200g

塩… 少々
みそ… 大さじ1
水… 50㎖
A「しょうゆ… 大さじ1
 └ みりん… 大さじ1

作り方

切る

❶なすはヘタを取って1.5㎝角に切り、❷玉ねぎはみじん切りにする（a）。

重ねる

鍋に塩を振り入れ、重ねる食材を❶❷の順に重ねる（b）。❸をほぐしてのせ、みそを細かく分けて散らすようにのせる（c）。

煮る

分量の水を加えてふたをし、弱火で10分煮る。

仕上げる

ふたを取り、Aを加えて中火にし、汁けが少なくなるまで炒める（d）。器に盛り、好みで刻んだ小ねぎ（分量外）を散らす。

a

b

c

弱火
10
min

d

● なすのアクはポリフェノールなので、アク抜きしなくてOK。ただし実は変色しやすいので、使う直前に切るのがおすすめです。
● 焼いた厚揚げや冷ややっこにのせてもgood。

ジャーマンズッキーニ

ジャーマンポテトならぬジャーマンズッキーニ。
きのことウインナーのうまみを吸って
ズッキーニが格段においしくなります。

/ Point /

● ジャーマンポテトにする場合は、ズッキーニをじゃがいも2個（200g）に置き換え、水を70mℓにして弱火で15分加熱してください。

材料 （2人分）

重ねる食材
❶ まいたけ
　…½パック（50g）
❷ ズッキーニ… 1本(200g)
❸ ウインナーソーセージ
　…4本

塩… 少々
水… 50mℓ
┌ しょうゆ…小さじ½
A 塩、こしょう…各適量
└ バター…10g

作り方

切 る

❶まいたけはほぐし、❷ズッキーニは1cm幅の輪切り、❸ウインナーは斜め薄切りにする（a）。

重ねる

鍋に塩を振り入れ、重ねる食材を❶〜❸の順に重ねて入れる（b）。

煮 る

分量の水を加えてふたをし、弱火で10分煮る。

仕上げる

ふたを取り、Aを加えて中火にし、汁けがなくなるまで炒める。

a

b

弱火
10
min

しいたけと鮭の塩あんかけ

野菜のだしで作るやさしいあんかけ。
鮭以外にも合わせやすくて便利です。

Point

● 焼き鮭のほか、焼いたたらや厚揚げ、蒸したじゃがいもなどにかけてもおいしいです。

材料 （2人分）

重ねる食材
❶ 生しいたけ…2枚（30g）
❷ 玉ねぎ…½個（100g）
❸ にんじん…3cm（30g）

塩…少々
水…200mℓ
┌ しょうゆ…大さじ1と½
A
└ みりん…大さじ1と½
塩（仕上げ用）…適量
水溶き片栗粉
　…水大さじ2＋片栗粉大さじ1
焼き鮭（無塩）…2切れ

作り方

切る

❶ しいたけは石づきを落として、傘は薄切り、軸は細く裂く。❷ 玉ねぎは縦薄切り、❸ にんじんは皮つきのまま縦細切りにする（a）。

重ねる

鍋に塩を振り入れ、重ねる食材を❶〜❸の順に重ねて入れる（b）。

煮る

分量の水を加えてふたをし、弱火で10分野菜がやわらかくなるまで煮る。

仕上げる

ふたを取り、Aを加えて全体を混ぜ、塩（仕上げ用）で味をととのえる。ふつふつしたら火を止め、水溶き片栗粉を加えて弱火にし、とろみをつける。器に焼き鮭を盛り、あんをかける。

a

b

弱火
10
min

39

キャベツとえのきで作る
包まないビッグ焼売

作り方 ➡ p.42

えのきと鮭の重ねホイル蒸し

作り方 ➡ p.43

キャベツとえのきで作る 包まないビッグ焼売

丸めない、皮で包まないラクちん焼売。
下に敷いた野菜までおいしく食べられるレシピです。

材料 （3人〜4人分）

重ねる食材

❶ えのきたけ … ½株（100g）
❷ キャベツの葉 … 2枚（100g）
❸ 肉だね

> 豚ひき肉 … 200g
> 玉ねぎ（みじん切り）… ½個分
> 片栗粉 … 大さじ1と½
> オイスターソース … 小さじ2
> A 鶏がらスープの素 … 小さじ2
> 砂糖 … 小さじ2
> ごま油 … 小さじ2
> おろししょうが … 小さじ½

塩 … 少々
水 … 150㎖

作り方

切る・仕込む

❶ えのきは石づきを落とし、長さを半分に切る。❷ キャベツはざく切りにする。❸ 肉だねはボウルにAを入れて粘りが出るまで練り混ぜる（a）。

a

重ねる

フライパンに塩を振り入れ、重ねる食材を❶❷の順に重ね（b）、❸を広げてのせる（c）。

蒸す

分量の水をフライパンの縁から注ぎ入れてふたをし、弱火で15分肉に火が通るまで蒸す。

b

仕上げる

ふたを取り（d）、そのまま食卓へ。好みの大きさに切り分けて、しょうやポン酢しょうゆ（各分量外）を添える。

c

弱火
15
min

d

Point

● キャベツの下に水分が出やすいえのきを敷くことで、焦げにくくなります。えのきに肉汁がしみ込むので、一緒にどうぞ！

えのきと鮭の 重ねホイル蒸し

定番のホイル蒸しも食材を順番に重ねて包めば
いつもよりおいしく仕上がります。

材料　（2人分）

重ねる食材
- ❶ えのきたけ … 1/3株 (70g)
- ❷ 長ねぎ … 1/2本 (100g)
- ❸ にんじん … 5cm(50g)
- ❹ 生鮭の切り身 … 2切れ

塩 … 少々
バター … 10g
水 … 適量

作り方

切る

❶えのきは石づきを落としてほぐす。❷長ねぎは1cm幅の斜め切り、❸にんじんは皮つきのまま薄い輪切り、❹鮭は塩を少々（分量外）振って10分おき、水けを拭き取る（a）。

重ねる

20cmに切ったアルミ箔2枚に塩を振り、重ねる食材を❶～❸の順に等分に重ねる（b）。❹は皮目を下にしてのせ、その上にバターを等分にのせる（c）。それぞれ包んでキャンディー状に包む（d）。

蒸す

フライパンに並べて水を1.5cm深さに注ぎ、ふたをして中火で15～20分にんじんがやわらかくなるまで蒸す。

仕上げる

ふたを取り、器に盛って好みでポン酢しょうゆやオリーブオイル（各分量外）を添える。

Point

- えのきや長ねぎなど水分の多い野菜を使うと、鮭がふっくら蒸し上がります。
- キャベツやもやし、ほかのきのこ類もおすすめです。
- 注いだ水がなくなりそうな場合は、適宜足してください。

中火 15～20 min

フライパンで簡単いろどり蒸し野菜

蒸し器がなくても手軽に作れる蒸し野菜。
根菜も重ねて少量の水で蒸すと味わい深くなります。

材料　（2〜3人分）

重ねる食材
❶ パプリカ（黄・赤）
　… 各¼個（各35g）
❷ ズッキーニ … 5㎝（50g）
❸ かぼちゃ … ⅛個（150g）
❹ さつまいも … 5㎝（50g）

塩 … 少々
水 … 50㎖

Point

● さつまいもは切ってすぐ調理する場合、水にさらさなくてOKです。
● 水がなくなりそうな場合は、適宜足してください。

作り方

切る

❶ パプリカは縦に1㎝幅、❷ ズッキーニは1㎝幅の輪切り、❸ かぼちゃは種とワタを取って薄切り、❹ さつまいもは5㎜幅の輪切りにする（a）。

重ねる

フライパンに塩を振り入れ、重ねる食材を❶〜❹の順に重ねて入れる（b）。

蒸す

分量の水を加えてふたをし、中火で8分野菜がやわらかくなるまで蒸す。

仕上げる

ふたを取り、器に盛って、好みでポン酢マヨネーズや塩（各分量外）を添える。

a

b

中火
8
min

キャベツと玉ねぎ蒸しのオリーブオイル和え

薄く切って蒸すことでかさが減り
サラダ感覚でたっぷり食べられます。

材料 （2〜3人分）

重ねる食材
❶ キャベツ…¼個（200g）
❷ 玉ねぎ…½個（100g）

塩…少々
水…60㎖
オリーブオイル、塩（仕上げ用）
　…各適量

Point
● サラダに加えたり、カレーやとんかつに添えたりと、万能に使えます。味つけをアレンジしてもgood。

作り方

切る
❶キャベツはせん切り、❷玉ねぎは縦薄切りにする（a）。

重ねる
フライパンに塩を振り入れ、重ねる食材を❶❷の順に重ねて入れる（b）。

蒸す
分量の水を加えてふたをし、弱火で10分蒸す。

仕上げる
ふたを取り、さっと混ぜてざるに取り、冷めたら水けをぎゅっと絞る。器に盛り、オリーブオイルと塩（仕上げ用）をかけ、好みで粗びき黒こしょう（分量外）を振る。

a

b

弱火
10
min

45

旬の野菜を使ってみよう!

通年手に入る野菜が多いですが旬のものはみずみずしく、
それぞれの季節に必要な栄養素がたっぷり含まれています。

春 野菜

甘みが強くみずみずしい野菜が出回る季節。通年手に入る玉ねぎやキャベツも甘くてやわらかく食べやすいです。また、ほろ苦さの苦味成分は新陳代謝を促す働きがあります。

新玉ねぎ
殺菌作用のある硫化アリルという辛味成分が、ビタミンB₁の吸収を高める。

新じゃがいも
じゃがいものビタミンCはでんぷんで守られ、加熱しても壊れないのが特徴。

春キャベツ
胃腸薬の成分の一種、ビタミンUが豊富。特に中心の黄色い部分に多く含まれる。

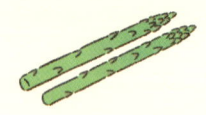

グリーンアスパラガス
アミノ酸の一種、アスパラギン酸を含み、体内の代謝を助けて疲労回復にも。

セロリ
セリ科独特の香りには神経沈静作用や食欲増進効果が期待される。

秋 野菜

いもや根菜、きのこがおいしい季節。味が濃くほっこりとした味わいが特徴で、食物繊維やビタミン、ミネラルが豊富。夏の疲れをとる働きがあると言われています。

かぼちゃ
抗酸化作用があるビタミンEのほか、βカロテンが豊富で美肌にも。

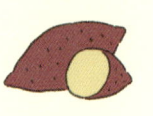

さつまいも
食物繊維が豊富。ヤラピンという成分は排泄を助け、便秘解消に役立つ。

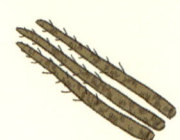

ごぼう
食物繊維の含有量は野菜の中でトップクラス!

里いも
胃や腸の粘膜を保護し、血糖値を下げる働きがある食物繊維が含まれる。

きのこ類
食物繊維とビタミンが豊富。栄養満点でヘルシーな優秀食材。

夏 野菜

カラフルな緑黄色野菜が出回る季節。塩分の排出を助けるカリウムをたっぷり含み、不足しがちな水分を補給して熱のこもった体をクールダウンします。

なす
実のほとんどが水分ですが、皮の色素のナスニンには強い抗酸化作用がある。

トマト
夏のトマトは特にみずみずしくて味が濃い。リコピンは加熱することで吸収率が高まる。

ズッキーニ
かぼちゃの仲間で、水分が多いうえビタミンやミネラルを豊富に含みヘルシー。

ピーマン
美肌効果が期待できるビタミンCが豊富。紫外線が強い季節に積極的に食べたい野菜。

冬 野菜

寒さに耐えるために糖度が高くなる冬野菜。白菜や長ねぎ、根菜類も味が濃く、ビタミンやカロテンが豊富で、体を温めて免疫力を高めるので風邪予防にもおすすめ。

大根
冬は甘みが増し、生食なら消化酵素やビタミンCが、加熱なら食物繊維が多く摂れる。

白菜
水分が多く、風邪予防や免疫力アップに効果的なビタミンCを摂取できる。

にんじん
冬は甘みが強く、βカロテンなどの栄養素もほかの季節より豊富に含む。

長ねぎ
冬はやわらかく、甘みがアップ。白い部分はビタミンC、青い部分はβカロテンが豊富。

＼重ねておいしい／

ワンディッシュ

麺類やごはん物もおまかせください！
パスタやカレー、どんぶり、あんかけは
鍋でソースやルウ、具を作ってかけるだけ。
にゅうめんや焼きそばは、鍋で仕上げる手軽さです。

えのきとトマトのうまみたっぷり ミートソースパスタ

作り方 ➡ p.51

a

b

弱火
20
min

c

d

えのきとトマトのうまみたっぷり ミートソースパスタ

子どもも大好き！　玉ねぎとトマト、ひき肉の
うまみと甘みを引き出し、深みのあるやさしいソースに！

材料 （3〜4人分）

重ねる食材
❶ えのきたけ … 1/2株 （100g）
❷ カットトマト缶 … 1缶 （400g）
❸ 玉ねぎ … 1/2個 （100g）
❹ 合いびき肉 … 300g

塩 … 少々
水 … 50mℓ
A ┌ トマトケチャップ … 大さじ 2
　└ 顆粒コンソメ … 大さじ 1
塩 （仕上げ用）、こしょう … 各適量
スパゲッティ （袋の表示通りにゆでて
　湯をきる） … 300g

作り方

切る

❶えのきは石づきを落とし、❸玉ねぎ
とそれぞれみじん切りにする （a）。

重ねる

鍋に塩を振り入れ、重ねる食材を❶〜
❸の順に重ね （b）、❹をほぐしてのせ
る （c）。

煮る

分量の水を加えてふたをし、弱火で
20分煮る。

仕上げる

ふたを取り、Aを加えて中火にし （d）、
混ぜながら汁けが少なくなるまで煮詰
め、塩 （仕上げ用）、こしょうで味を
ととのえる。器にゆでたスパゲッティを
盛り、ソースをかけて好みで粉チーズ
を振ってイタリアンパセリ（各分量外）
をのせる。

※ソースは保存容器に入れ、冷蔵で3日、冷凍で3
　週間ほど　保存可能。

Point

● にんじん6cm（60g）を加えるの
もおすすめ。その場合は、玉ね
ぎとフードプロセッサーなどで
みじん切りにしてもOKです。
● 最後にしっかり水分を飛ばす
と、酸味が抜けて濃厚なソース
になります。
● ホールトマト缶を使う場合は、重
ねたあとにつぶしてください。

野菜ごろごろトマトチキカレー

重ねた具材をじっくり蒸し煮にしてからルウで仕上げて
食材のうまみをしっかり引き出します。

材料 （3〜4人分）

重ねる食材
❶ トマト … ½個（100g）
❷ じゃがいも
　 … 3個（300g）
❸ 玉ねぎ … 大1個（250g）
❹ にんじん … ½本（90g）
❺ 鶏もも肉 … 1枚（300g）

塩 … 少々
水 … 400㎖
カレールウ（市販）… 3人分〜
温かいごはん … 適量

作り方

切る

❶トマトは4等分のくし切り、❷
じゃがいも、❹にんじんは皮つ
きのまま、それぞれ一口大の乱切
り、❸玉ねぎは3㎝幅のくし切り、
❺鶏肉は一口大に切る（a）。

重ねる

鍋に塩を振り入れ、重ねる食材を
❶〜❹の順に重ね（b）、❺は皮目
を下にしてのせる（c）。

煮る

分量の水を加えてふたをし、弱火
で25〜30分具材に火が通るまで
煮る。

仕上げる

ふたを取り（d）、カレールウを加
えて全体を混ぜながらとろみがつ
くまで煮る。器にごはんを盛り、
ルウをかける。

a

b

c

弱火
25〜30
min

d

Point

● トマトに代えて、カットトマト缶
½缶（200g）でも作れます。生
のトマトは爽やか、缶詰はコクが
出ます。また、トマト抜きで作り
たい場合は水の量を100㎖ほど
足して調整してください。

かにかま
かき玉にゅうめん

作り方 ➡ p.56

キャベツともやしたっぷり
塩焼きそば

作り方 ➡ p.57

かにかま
かき玉にゅうめん

かにかまを一緒に煮ることで
少しのスープの素でも味わい深くなります。

材料 （2〜3人分）

重ねる食材
- ❶ 生しいたけ…2枚（30g）
- ❷ 玉ねぎ…¼個（50g）
- ❸ にんじん…3㎝（30g）
- ❹ かに風味かまぼこ…3本

塩…少々
水…600㎖

A
- しょうゆ…小さじ4
- 鶏がらスープの素…小さじ1
- みりん…小さじ1
- 塩…適量

そうめん（袋の表示通りにゆでて
　湯をきる）…2束分
溶き卵…2個分

作り方

切る

❶しいたけは石づきを落とし、傘は細切り、軸は細く裂く。❷玉ねぎは縦に薄切り、❸にんじんは皮つきのまま縦にせん切り、❹かにかまは細く裂く（a）。

a

重ねる

鍋に塩を振り入れ、重ねる食材を❶〜❹の順に重ねて入れる（b・c）。

煮る

分量の水を加えてふたをし、弱火で20分煮る。

b

仕上げる

ふたを取り、**A**とゆでたそうめんを加えて中火にし、全体を混ぜる（d）。ふつふつとしたら、溶き卵を回し入れてふんわりと固まったらさっと混ぜる。

c

弱火
20
min

d

Point

- ふたを取って汁けが少ない場合は、水を少しずつ加えて調節してください。
- 仕上げの卵をふわっとさせたいときは、溶き卵を加える前に水溶き片栗粉を加えてとろみをつけておくとよいです。

キャベツともやしたっぷり 塩焼きそば

キャベツともやしから水分が出て豚肉がしっとり。
具材を蒸してから麺を炒めてうまみをしっかり絡めます。

材料 （2〜3人分）

重ねる食材
❶ キャベツ… 3枚 (150g)
❷ もやし…1/2袋
❸ 豚バラ薄切り肉… 100g

塩… 少々
水… 50㎖
中華蒸し麺… 2玉
A┌ 酒… 大さじ 1
 │ ごま油… 大さじ 1
 └ 鶏がらスープの素… 大さじ 1
塩（仕上げ用）、こしょう
　　… 各適量

作り方

切る

❶ キャベツは一口大のざく切り、❸ 豚肉は4㎝幅に切る（a）。

重ねる

鍋に塩を振り入れ、重ねる食材を ❶❷ の順に重ね（b）、❸ を広げてのせる（c）。

煮る

分量の水を加えてふたをし、弱火で10分煮る。

仕上げる

火を止めてふたを取り、中華麺をのせて再度ふたをし、30秒蒸らす。ふたを取って麺をほぐし、A を加えて中火で炒める（d）。塩（仕上げ用）、こしょうで味をととのえる。

a

b

弱火
10
min

c

d

Point

● 新鮮なもやしは、基本的に洗わなくてOK。さらに、市販のカットキャベツを使えばラクです。
● 麺を加えて少し蒸らすことで、ほぐしやすくなります。

コクうまキーマカレー

刻んだエリンギとひき肉を多めに入れて、
子どもも食べやすいコクのあるキーマカレーに。

材料　（3〜4人分）

重ねる食材
❶ エリンギ…1本（30g）
❷ 玉ねぎ…½個（100g）
❸ にんじん…½本（90g）
❹ 合いびき肉…300g

塩…少々
水…100㎖
カレールウ（市販）…2人分〜
温かいごはん…適量

作り方

切る

❶エリンギ、❷玉ねぎ、❸にんじんは、それぞれ粗みじん切りにする（a）。

重ねる

鍋に塩を振り入れ、重ねる食材を❶〜❸の順に重ね（b）、❹をほぐしてのせる（c）。

煮る

分量の水を加えてふたをし、弱火で15分煮る。

仕上げる

ふたを取り、カレールウを加えて全体を混ぜながらとろみがつくまで煮る（d）。器にごはんとともに盛り、好みで刻んだパセリ（分量外）を散らす。

a

b

c

弱火
15
min

d

Point

● 野菜の大きさをひき肉にそろえると火の通りが均一になり、食べやすくなります。
● 重ねて煮ると1段階甘く仕上がるので、小さい子どもにもおすすめです。

しいたけと白菜の中華風あんかけごはん

作り方 ➡ p.62

ピーマンと長ねぎの 甘辛鶏そぼろ丼

作り方 ➡ p.63

しいたけと白菜の中華風あんかけごはん

肉を妙めずに野菜と一緒に蒸すので、しっとり。
具だくさんのおいしいあんは、豆腐や麺にかけるのもおすすめです。

材料 （3〜4人分）

重ねる食材
❶ 生しいたけ…3枚（45g）
❷ 白菜の葉…2枚（160g）
❸ 長ねぎ…10㎝（60g）
❹ にんじん…4㎝（40g）
❺ 豚バラ薄切り肉…150g
```
  ┌ しょうゆ、酒、片栗粉
A   …各小さじ1
  └ おろしにんにく…小さじ½
```

塩…少々
水…200㎖
```
  ┌ オイスターソース…小さじ2
  │ しょうゆ…小さじ2
B │ みりん…小さじ2
  └ 鶏がらスープの素…小さじ1
```
水溶き片栗粉
　…水大さじ2＋片栗粉大さじ1
温かいごはん…適量

作り方

切る

❶しいたけは石づきを落として、傘は薄切り、軸は細く裂く。❷白菜は一口大のざく切り、❸長ねぎは斜め薄切り、❹にんじんは2㎜厚さの短冊切りにする。❺豚肉は5㎝幅に切り、Aをもみ込む（a）。

重ねる

鍋に塩を振り入れ、重ねる食材を❶〜❹の順に重ね（b）、❺を広げてのせる（c）。

煮る

分量の水を加えてふたをし、弱火で15分具材がやわらかくなるまで煮る。

仕上げる

ふたを取り、Bを加えて中火にして混ぜる（d）。ふつふつしたら火を止めて水溶き片栗粉を加えて混ぜ、再び弱火にかけてとろみをつける。器にごはんを盛り、あんをかける。

a

b

c

弱火
15
min

d

Point

●白菜は収穫後も外側の葉から内側の葉に栄養を送り続けるので、外側の葉の栄養やうまみが抜けていきます。そのため、内側の葉から食べるのがおすすめです。

ピーマンと長ねぎの甘辛鶏そぼろ丼

みそを加えた甘辛味でごはんが進みます。
ピーマンのほろ苦さがよいアクセントに。

材料 （3〜4人分）

重ねる食材
① 生しいたけ
　…３枚（45g）
② ピーマン…１個（30g）
③ 長ねぎ
　…1/2 本（100g）
④ 鶏ひき肉…150g

塩…少々
みそ…大さじ１
水…100㎖
A 「 みりん…大さじ１
　└ しょうゆ…大さじ１
温かいごはん…適量

作り方

切る

❶しいたけは石づきを落として、傘と軸をみじん切りにする。❷ピーマン、❸長ねぎは、それぞれみじん切りにする（a）。

重ねる

鍋に塩を振り入れ、重ねる食材を❶〜❸の順に重ね（b）、❹をほぐしてのせ、みそを細かく分けて散らすようにのせる（c）。

煮る

分量の水を加えてふたをし、弱火で10分煮る。

仕上げる

ふたを取り、ひき肉をほぐす。Aを加えて中火にし、ときどき混ぜながら汁けがなくなるまで煮る。器にごはんを盛り、そぼろをのせて好みで刻んだねぎ（分量外）をのせる。

a

b

c

弱火
10
min

Point

● 温泉卵や卵そぼろをのせてもおいしいです。
● ごはんに混ぜ込んだり、オムレツや卵焼きの具にしたり、アレンジが楽しめます。

まいたけと鮭の炊き込みごはん

炊飯器でも鍋と同じように重ねると
塩だけとは思えないおいしさになります！

● まいたけやしいたけなど、
香りが強いきのこを使うの
がおすすめです。

材料 （作りやすい分量）

米 … 2合
水 … 400㎖

重ねる食材
❶ まいたけ
　 … 1/2パック（50g）
❷ にんじん … 5㎝（50g）
❸ ごぼう … 15㎝（50g）
❹ 生鮭の切り身 … 1切れ

塩 … 少々
塩（仕上げ用）… 適量

準備

米はといで炊飯器の内釜に入れ、
分量の水を注いで30分浸水させる。

作り方

切る
❶まいたけはほぐし、❷にんじんは皮つきのま
ません切り、❸ごぼうは皮つきのまま十字に切
り込みを入れてピーラーで薄く切る（a）。

重ねる
米を浸水させた内釜に塩を振り入れ、重ねる食
材を❶〜❹の順に重ねて入れる（b）。

炊く
ふたをして通常モードで炊く。

仕上げる
ふたを開け、鮭の皮と小骨を除いてほぐし、し
ゃもじでざっくり混ぜて塩（仕上げ用）で味を
ととのえる。

a

b

炊飯器で
約60min

しめじと鶏ももの
混ぜごはんの素

重ねておいしいワンディッシュ

えのきと玉ねぎで
しっとり鮭フレーク

Column

作り置きに便利な
ごはんのおとも

小松菜とじゃこの
ソフトふりかけ

根菜の葉っぱふりかけ

作り方 ➡ p.66

えのきと玉ねぎで しっとり鮭フレーク

野菜をたっぷり入れたしっとり仕上げ。

材料と作り方 （作りやすい分量）

切る
❶えのきたけ½株（100g）は石づきを落として、❷玉ねぎ¼個（50g）はそれぞれみじん切りにする。❸生鮭の切り身2切れは塩（少々）を振って10分おき、水けを拭き取る。

重ねる
鍋に塩（少々）を振り入れ、切った食材を❶～❸の順に重ねて入れる。

煮る
水30㎖を加えてふたをし、中火で2分30秒煮る。

仕上げる
ふたを取り、鮭の皮と小骨を除く。しょうゆ（大さじ1）を加え、汁けがなくなるまで、ほぐしながら炒めて塩（適量）で味をととのえる。

※保存容器に入れて冷蔵で3日ほど保存可能。

しめじと鶏ももの 混ぜごはんの素

食べたいときにごはんに混ぜるだけ！

材料と作り方 （作りやすい分量）

切る
❶しめじ⅓株（30g）は石づきを落としてほぐし、❷にんじん½本（90g）は5㎝長さの細切り、❸ごぼう1本（180g）は斜め薄切り、❹鶏もも肉1枚（300g）は一口大に切って塩、こしょう（各少々）を振る。

重ねる
鍋に塩（少々）を振り入れ、切った食材を❶～❸の順に重ね、❹は皮目を下にしてのせる。

煮る
水60㎖を加えてふたをし、弱火で10分煮る。

仕上げる
ふたを取り、みりん、しょうゆ（各大さじ2）を加えて、汁けが少なくなるまで混ぜながら煮る。食べるときにごはんと混ぜ、塩（少々）で味をととのえる。

※保存容器に入れて冷蔵で3日ほど保存可能。

根菜の葉っぱふりかけ

捨てがちな大根やかぶの葉っぱを余すことなく！

材料と作り方 （作りやすい分量）

切る
❶大根の葉80g（またはかぶ1~2個分の葉）、❷長ねぎ½本（100g）はそれぞれみじん切りにする。

重ねる
鍋に塩（少々）を振り入れ、切った食材を❶❷の順に重ね、❸ちりめんじゃこ（しらす干しでも可）15gをのせる。

煮る
しょうゆ、酒（各小さじ2）、みりん（小さじ1）を加えてふたをし、中火で1分煮る。

仕上げる
ふたを取り、全体を混ぜながら汁けを飛ばす。

※保存容器に入れて冷蔵で1週間ほど保存可能。

小松菜とじゃこの ソフトふりかけ

栄養たっぷりトリオをソフトふりかけに。

材料と作り方 （作りやすい分量）

切る
❶小松菜½束（120g）、❷にんじん½本（90g）はそれぞれみじん切りにする。

重ねる
鍋に塩（少々）を振り入れ、切った食材を❶❷の順に重ね、❸ちりめんじゃこ（しらす干しでも可）20gをのせる。

煮る
しょうゆ、酒（各大さじ1）、みりん（大さじ½）を加えてふたをし、中火で1分煮る。

仕上げる
ふたを取り、全体を混ぜながら汁けを飛ばす。

※保存容器に入れて冷蔵で1週間ほど保存可能。

＼野菜がたっぷり／
食べられる

汁物と副菜

みそ汁やスープは重ねて煮るだけレシピの得意ジャンル。
重ねることでおいしくなり、具だくさんで大満足！
副菜は一度に数種類の野菜が摂れて
忙しいときにも重宝します。

具だくさんおかず豚汁

作り方 ➡ p.71

野菜がたっぷり食べられる汁物と副菜

具だくさんおかず豚汁

たっぷりの野菜と大きめに切った豚肉で主役になる豚汁。
ごはんを添えるだけで大満足の献立になります。

材料　（3〜4人分）

重ねる食材

❶ こんにゃく
　…1/2枚（120g）

❷ しめじ …1/2株（50g）

❸ 長ねぎ … 1本（200g）

❹ 大根 … 10cm（250g）

❺ にんじん … 6cm（60g）

❻ 豚バラ薄切り肉 … 100g

塩 … 少々
みそ … 大さじ3〜
水 … 500㎖

作り方

切る

❶こんにゃくは食べやすい大きさにちぎり、❷しめじは石づきを落としてほぐす。❸長ねぎは1cm幅の斜め切り、❹大根、❺にんじんは皮つきのまま、それぞれ2mm厚さのいちょう切り、❻豚肉は5cm幅に切る（a）。

重ねる

鍋に塩を振り入れ、重ねる食材を❶〜❺の順に重ね（b）、❻を広げてのせ、みそを細かく分けて散らすようにのせる（c）。

煮る

分量の水を加え、ふたをして弱火で20〜25分野菜がやわらかくなるまで煮る。

仕上げる

ふたを取り（d）、みそを溶かしながら全体を混ぜる。味をみて足りなければみそを少しずつ足す。器に盛り、好みで刻んだ小ねぎ（分量外）を散らす。

Point

● 一般的にみそ汁は完成直前にみそを加えますが、本書のレシピでは、一番上に重ねて一緒に煮ます。煮ている間に、みそのうまみが食材と調和し、おいしくなります。

● 野菜と肉のうまみが出るので、だしはなくてもOKですが、お好みで和風顆粒だし（小さじ1）を入れてもよいです。

a

b

c

弱火 20〜25 min

d

Point
- ズッキーニには緑色と黄色がありますが、緑色のほうが味が濃く、ズッキーニらしい味わいです。黄色はさっぱりクセがないので、サラダなど生食がおすすめ。

野菜だけで作るミネストローネ

ベーコンを入れると味が引き締まりますが、
野菜と塩のみでも十分おいしいです。

材料 （4人分）

重ねる食材
1. トマト … 1個 (200g)
2. ズッキーニ … 2㎝ (60g)
3. キャベツの葉 … 1枚 (50g)
4. じゃがいも … 1個 (100g)
5. 玉ねぎ … 1/4個 (50g)
6. にんじん … 4㎝ (40g)

塩 … 少々
水 … 400㎖
A ┌ トマトケチャップ … 大さじ2
  └ 顆粒コンソメ … 大さじ1/2
塩 (仕上げ用) … 適量

作り方

切る

❶トマト、❷ズッキーニ、❸キャベツ、❺玉ねぎは、それぞれ1㎝角に切る。❹じゃがいも、❻にんじんは皮つきのまま、それぞれ1㎝角に切る (a)。

重ねる

鍋に塩を振り入れ、重ねる食材を❶〜❻の順に重ねて入れる (b)。

煮る

分量の水を加え、ふたをして弱火で15〜20分野菜がやわらかくなるまで煮る。

仕上げる

ふたを取り、Aを加えてときどき混ぜながら2分ほど煮て、塩 (仕上げ用) で味をととのえる。

a

b

弱火
15〜20
min

Point
- 水を減らして牛乳の割合を増やすと、濃厚な味わいになります。
- かぼちゃは皮目を下に入れると、皮までやわらかくなります。

かぼちゃとにんじんのポタージュ

かぼちゃだけでなく、にんじんと玉ねぎの甘みと香りで
奥深い味わいになります。

材料 （4人分）

重ねる食材
❶ かぼちゃ…⅛個(150g)
❷ 玉ねぎ…½個 (100g)
❸ にんじん…½本 (90g)

塩…少々
水…300㎖
「牛乳…100㎖
A
└顆粒コンソメ…小さじ2
塩（仕上げ用）、こしょう
　…適量

作り方

切る

❶ かぼちゃは種とワタを取り、皮をところどころむいて一口大に切る。**❷** 玉ねぎは縦薄切り、**❸** にんじんは皮つきのまま縦細切りにする (a)。

重ねる

鍋に塩を振り入れ、重ねる食材を**❶**〜**❸**の順に重ねて入れる (b)。

煮る

分量の水を加え、ふたをして弱火で15〜20分かぼちゃがやわらかくなるまで煮る。

仕上げる

ふたを取り、火を止める。Aを加えて全体を混ぜ、ハンドブレンダーなどでなめらかに撹拌し、塩（仕上げ用）、こしょうで味をととのえる。器に盛り、好みで粗びき黒こしょうと刻んだイタリアンパセリ（各分量外）を散らす。

a

b

弱火
15〜20
min

73

セロリ香る
春野菜のスープ

春

作り方 ➡ p.76

夏野菜の
さっぱりみそ汁

夏

作り方 ➡ p.76

秋

作り方 ➡ p.77

秋の味覚を楽しむ
ほっこりみそ汁

冬

作り方 ➡ p.77

冬の根菜
ほくほくみそ汁

セロリ香る春野菜のスープ

春

春野菜の代表、新じゃがと新玉ねぎと香り豊かなセロリを
ベーコンのうまみとともにシンプルにいただきます。

材料 （3〜4人分）

重ねる食材
❶ セロリ … 1本 (150g)
❷ スナップエンドウ … 4本 (20g)
❸ 新じゃがいも … 2個 (160g)
❹ 新玉ねぎ … ½個 (100g)
❺ スライスベーコン（ハーフ）
　　… 6枚

塩 … 少々
水 … 500〜600㎖
「 しょうゆ … 大さじ1
A
└ 塩 … 小さじ½

> **Point**
> ● セロリの香りと風味たっぷりの春を
> 感じるスープです。
> ● セロリが苦手な場合は、代わりに春
> キャベツを加えても good。

作り方

切る

❶セロリの茎は1㎝角に切り、葉は2㎝幅
に切る。❷スナップエンドウはヘタと筋を
取って半分に切り、❸じゃがいも（皮つき
のまま）、❹玉ねぎはそれぞれ1㎝角、❺
ベーコンは1㎝幅に切る (a)。

重ねる

鍋に塩を振り入れ、重ねる食材を❶〜❺の
順に重ねて入れる (b)。

煮る

分量の水を加え、ふたをして弱火で20〜
25分野菜がやわらかくなるまで煮る。

仕上げる

ふたを取り、Aを加えて全体を混ぜる。器
に盛り、好みで粗びき黒こしょう（分量外）
を振る。

a

b
弱火 20〜25 min

夏野菜のさっぱりみそ汁

夏

夏野菜には夏に必要な水分と栄養素がたっぷり。
ジューシーで爽やかな味わいがお気に入り。

材料 （3〜4人分）

重ねる食材
❶ なす … 1本 (80g)
❷ ズッキーニ … 1本 (200g)
❸ ミニトマト … 8個
❹ オクラ … 3本

塩 … 少々
みそ … 大さじ3〜
だし汁 … 水500㎖＋
　　和風顆粒だし小さじ1

> **Point**
> ● トマトの酸味を楽しむみそ汁です。
> 酸味が苦手な方は、ミニトマトをキ
> ャベツやコーンに変えてもOK。

作り方

切る

❶なす、❷ズッキーニは、それぞれ一口大
の乱切り、❸ミニトマトは縦半分に切り、
❹オクラは塩で板ずりして洗い、ヘタをそ
いで1㎝幅の輪切りにする (a)。

重ねる

鍋に塩を振り入れ、重ねる食材を❶〜❹の
順に重ね、みそは散らすようにのせる (b)。

煮る

分量のだし汁を加え、ふたをして弱火で
20分煮る。

仕上げる

ふたを取り、全体を混ぜる。味をみて足り
なければ、みそを少しずつ足す。

a

b
弱火 20 min

秋の味覚を楽しむほっこりみそ汁

秋

さつまいもの甘みがきいたほっこりみそ汁。
食べごたえもあります。

材料 （3〜4人分）

重ねる食材
❶ まいたけ
　…½パック（50g）
❷ さつまいも…7cm（70g）
❸ 玉ねぎ…¼個（50g）
❹ にんじん…5cm（50g）
❺ 油揚げ…1枚

塩…少々
みそ…大さじ3〜
水…500㎖

Point
● きのこを数種類入れると、うまみが
　増すのでおすすめです。
● お好みで、和風顆粒だし（小さじ1）
　を入れてもOK。

作り方

切る

❶まいたけはほぐし、❷さつまいもは5mm幅の
輪切り、または大きいものは半月切り、❸玉ね
ぎは縦薄切り、❹にんじんは皮つきのまま3mm
厚さの短冊切り、❺油揚げは横1cm幅に切る（a）。

重ねる

鍋に塩を振り入れ、重ねる食材を❶〜❺の順に
重ね、みそは散らすようにのせる（b）。

煮る

分量の水を加え、ふたをして弱火で20〜25分
野菜がやわらかくなるまで煮る。

仕上げる

ふたを取り、全体を混ぜる。味をみて足りなけ
れば、みそを少しずつ足す。

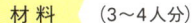
a

弱火
20〜25
min
b

冬の根菜ほくほくみそ汁

冬

ゴロゴロ野菜でエネルギーチャージ。
寒い冬を乗りきります。

材料 （3〜4人分）

重ねる食材
❶ キャベツ…⅙個（150g）
❷ 里いも…1個（50g）
❸ 大根…3cm（80g）
❹ にんじん…5cm（50g）
❺ 油揚げ…1枚

塩…少々
みそ…大さじ3〜
水…500㎖

Point
● お好みで、和風顆粒だし（小さじ1）
　を入れてもOK。

作り方

切る

❶キャベツは一口大のざく切り、❷里いもは皮
をむいて一口大の乱切り、❸大根は皮つきのま
ま3mm厚さのいちょう切り、❹にんじんは皮つ
きのまま3mm厚さの短冊切り、❺油揚げは横1
cm幅に切る（a）。

重ねる

鍋に塩を振り入れ、重ねる食材を❶〜❺の順に
重ね、みそは散らすようにのせる（b）。

煮る

分量の水を加え、ふたをして弱火で20〜25分
野菜がやわらかくなるまで煮る。

仕上げる

ふたを取り、全体を混ぜる。味をみて足りなけ
れば、みそを少しずつ足す。

a

弱火
20〜25
min
b

Point

● えびやシーフードミックスを使うの
もおすすめ。ごはんはもちろん、パ
ンにもよく合います。

じゃがいもとあさりの豆乳みそ汁

あさりは缶汁ごと使ってクラムチャウダー風に。
みそと豆乳の相性も抜群です。

材料 （3〜4人分）

重ねる食材
❶ キャベツの葉
　　… 2枚（100g）
❷ じゃがいも … 1個（100g）
❸ 玉ねぎ … 1/4個（50g）
❹ にんじん … 1本（180g）
❺ あさりの水煮缶
　　… 1缶（65g）

塩 … 少々
みそ … 大さじ3〜
水 … 400ml
無調整豆乳（または牛乳）
　　… 100〜200ml

作り方

切る

❶ キャベツは小さめのざく切り、❷ じゃが
いもは皮つきのまま一口大、❸ 玉ねぎは縦薄
切り、❹ にんじんは皮つきのまま3mm厚さの
いちょう切りにする。❺ あさりは缶汁ごと
使う（a）。

重ねる

鍋に塩を振り入れ、重ねる食材を❶〜❺の順
に重ね、みそは散らすようにのせる（b）。

煮る

分量の水を加え、ふたをして弱火で20〜25
分野菜がやわらかくなるまで煮る。

仕上げる

ふたを取り、豆乳（または牛乳）を加えて全
体を混ぜ、温まったら火を止める。味をみ
て足りなければ、みそを少しずつ足す。

a

b

弱火
20〜25
min

Point

● きのこは、好きなものに代えてもおいしく作れます。
● 好みで豆腐を使わなくてもOK。

うまみがぎゅっと詰まったきのこ汁

数種類のきのこを合わせて味わい深く仕上げた
きのこ好きにおすすめのみそスープです。

材料 （3～4人分）

重ねる食材
❶ しめじ…1/2株（50g）
❷ えのきたけ
　　…1/2株（100g）
❸ まいたけ
　　…1/2パック（50g）
❹ 玉ねぎ…1/2個（100g）

塩 … 少々
みそ … 大さじ3～
だし汁 … 水500㎖
　　＋和風顆粒だし小さじ1
しょうゆ … 小さじ1
木綿豆腐（2㎝角に切る）
　　…1/2丁（200g）

作り方

切る

❶ しめじは石づきを落とし、❷ えのきは石づきを落として長さを半分に切り、❸ まいたけとともにそれぞれほぐす。❹ 玉ねぎは縦薄切りにする（a）。

重ねる

鍋に塩を振り入れ、重ねる食材を❶～❹の順に重ねて入れる。みそは散らすようにのせる（b）。

煮る

分量のだし汁を加え、ふたをして弱火で15～20分煮る。

仕上げる

ふたを取り、しょうゆを加えて全体を混ぜ、豆腐を加えて温まるまで加熱する。味をみて足りなければ、みそを少しずつ足す。器に盛り、好みで刻んだ小ねぎ（分量外）を散らす。

a

b

弱火
15～20
min

白菜と鶏手羽元の塩スープ

重ねてじっくり加熱するだけ。
ほったらかしで鶏のだしがきいたスープに。

● 手羽元はうまみがたっぷり。弱火で
じっくり加熱することでうまみが引き
出され、野菜もおいしくなります。

材料 （3〜4人分）

重ねる食材
❶ 白菜 … ⅙個 （300g）
❷ 長ねぎ … 1本 （200g）
❸ 鶏手羽元 … 6本

塩 … 少々
水 … 600㎖
「 しょうゆ … 大さじ1と½
A
└ 塩 … 大さじ½

作り方

切る

❶白菜は一口大のざく切り、❷長ねぎは1cm
幅の斜め切り、❸鶏肉は全体にフォークを刺
し、塩を小さじ½（分量外）振ってもみ込む
（a）。

重ねる

鍋に塩を振り入れ、重ねる食材を❶〜❸の順
に重ねて入れる（b）。

煮る

分量の水を加え、ふたをして弱火で25分鶏
肉に火が通るまで煮る。

仕上げる

ふたを取り、Aを加えて全体を混ぜる。器に
盛り、好みでスプラウト（分量外）をのせる。

a

b

弱火
25
min

キムチのチーズみそ汁

キムチ独特の酸味と辛味を
とろ〜りチーズと半熟卵でまろやかに。

/ Point /

● 時間が経つと酸味が出るキムチは、1回分をラップで包んで冷凍用ポリ袋に入れて冷凍保存するのもおすすめ。

材料 （3〜4人分）

重ねる食材
❶ 生しいたけ…2枚（30g）
❷ 白菜キムチ…60g
❸ もやし…½袋
❹ 玉ねぎ…¼個（50g）
❺ 豚こま切れ肉…150g

塩…少々
みそ…大さじ3
水…500㎖
┌ 鶏がらスープの素
A 　…小さじ½
└ 砂糖…小さじ¼
卵…3〜4個
ピザ用チーズ…適量

作り方

切る

❶しいたけは石づきを落とし、傘は細切り、軸は細く裂く。❷キムチは大きいものは食べやすく切り、❹玉ねぎは縦薄切りにする（a）。

重ねる

鍋に塩を振り入れ、重ねる食材を❶〜❹の順に重ねる。❺を広げてのせ、みそは散らすようにのせる（b）。

煮る

分量の水を加え、ふたをして弱火で20分豚肉に火が通るまで煮る。

仕上げる

ふたを取り、Aを加えて全体を混ぜ、卵を割り入れて再度ふたをし、卵が半熟状になるまで3分ほど煮る。器に盛り、チーズをのせ、好みで刻んだ小ねぎ（分量外）を散らす。

a

b

弱火
20
min

81

ごぼうと豚バラのきんぴら

作り方 ➡ p.84

野菜がたっぷり食べられる 汁物と副菜

エリンギ入り
スクランブルポテサラ

作り方 ➡ p.85

ごぼうと豚バラのきんぴら

きのこと豚肉を加えてうまみたっぷりの主役のおかずに。
赤唐辛子を使っていないので小さなお子さんにも！

材料 （2〜3人分）

重ねる食材
❶ しめじ…1/3株 (30g)
❷ にんじん…2/3本 (120g)
❸ ごぼう…2/3本 (120g)
❹ 豚バラ薄切り肉…100g

塩…少々
水…50㎖
A 「しょうゆ…大さじ1と1/2
　 みりん…大さじ1と1/2

作り方

切る

❶しめじは石づきを落としてほぐす。❷にんじんは皮つきのまません切り、❸ごぼうは皮つきのまま縦に十字に切り込みを入れてピーラーで薄く切る。❹豚肉は5cm幅に切る（a）。

a

重ねる

鍋に塩を振り入れ、重ねる食材を❶〜❸の順に重ね（b）、❹を広げてのせる（c）。

b

煮る

分量の水を加え、ふたをして弱火で10分煮る。

仕上げる

ふたを取り、Aを加えて中火にし、汁けを飛ばすように炒める（d）。器に盛り、好みで白いりごま（分量外）を振る。

c

弱火
10
min

 Point

● ごぼうのささがきは包丁で削るように切るのが一般的ですが、ピーラーで薄くリボン状にスライスするとふわふわで食べやすくなります（切り方はp.96参照）。

d

エリンギ入り スクランブルポテサラ

鍋ひとつでじゃがいもをゆでてつぶして、ほっくり＆まろやかに。
スクランブルエッグを加えた食べごたえのあるポテサラです。

材料 （3〜4人分）

重ねる食材
❶ エリンギ … 1本 (30g)
❷ じゃがいも … 2個 (200g)
❸ 玉ねぎ … 1個 (200g)
❹ にんじん … 3cm (30g)

その他の食材
きゅうり … 1本
卵 … 2個
サラダ油 … 小さじ1
塩 … 少々
水 … 70㎖
酢 … 小さじ1
A「マヨネーズ … 大さじ½〜
 └ 塩、こしょう … 各適量

作り方

切る

❶ エリンギ、❸ 玉ねぎは、それぞれみじん切り、❷ じゃがいもは皮をむいて一口大、❹ にんじんは皮つきのまま薄いいちょう切りにする (a)。

その他の食材
きゅうりは薄い小口切りにして塩少々でもみ、5分おいて水けを絞る。卵は溶きほぐし、サラダ油を熱したフライパンに流し入れて半熟状に炒り、スクランブルエッグを作って冷ます (b)。

重ねる

鍋に塩を振り入れ、重ねる食材を❶〜❹の順に重ねて入れる (c)。

煮る

分量の水を加え、ふたをして弱火で15分野菜がやわらかくなるまで煮る。

仕上げる

ふたを取り、汁けを飛ばしながらマッシャーなどでじゃがいもをつぶす。火を止め、熱いうちに酢を加えて混ぜる (d)。粗熱が取れたらスクランブルエッグときゅうり、A を加えて全体を和える。

a

b

c

弱火
15
min

d

Point

● じゃがいもが熱いうちに酢を加えると、酸味が抜けてまろやかになります。マヨネーズは分離を防ぐために、粗熱が取れてから加えてください。
● スクランブルエッグは、粗く刻んだゆで卵に代えてもOK。

アスパラガスのきんぴら

アスパラを豚バラと一緒に甘じょっぱく煮て、
ごはんのおともにどうぞ！

Point

● アスパラは根元を両手でしならせ、自然とポキッと折れたところまでがかたくて食べにくい部分。なので、かたいところは取り除いてもOK。

材料 （2〜3人分）

重ねる食材
❶ グリーンアスパラガス
　…5本（100g）
❷ にんじん…1本（180g）
❸ 豚バラ薄切り肉…100g

塩…少々
水…50㎖
A「しょうゆ…大さじ1と½
　└みりん…大さじ1と½

作り方

切る

❶アスパラは下から5㎝の皮をそぎ、4㎝長さの斜め切りにする。❷にんじんは皮つきのまま4㎝長さのせん切り、❸豚肉は4㎝幅に切る（a）。

重ねる

鍋に塩を振り入れ、重ねる食材を❶❷の順に重ね、❸を広げてのせる（b）。

煮る

分量の水を加え、ふたをして弱火で10分煮る。

仕上げる

ふたを取り、Aを加えて中火にし、汁けを飛ばすように炒める。

a

b

弱火
10
min

にんじゃがしりしり

じゃがいもを加えた食感が楽しいしりしり。
卵とツナのアシストもバッチリです。

> **Point**
> ● 野菜の長さをそろえて細切りにすると食べやすく、味もしっかり絡みます。

材料 （2～3人分）

重ねる食材
❶ じゃがいも … 1個 (100g)
❷ にんじん … 1/2本 (90g)
❸ ツナ缶 (オイル漬け)
　 … 1缶 (70g)

塩 … 少々
水 … 60㎖
A ┌ しょうゆ … 小さじ1
　├ みりん … 小さじ1
　└ ごま油 … 小さじ1
溶き卵 … 1個分
塩 (仕上げ用) … 適量

作り方

切る

❶ じゃがいも、❷ にんじんは皮つきのまま、それぞれ細切りにする。❸ ツナは缶汁ごと使う (a)。

重ねる

鍋に塩を振り入れ、重ねる食材を❶～❸の順に重ねて入れる (b)。

煮る

分量の水を加え、ふたをして弱火で5分煮る。

仕上げる

ふたを取り、Aを加えて中火にし、汁けを飛ばすように炒める。溶き卵を加えて大きく混ぜ、塩 (仕上げ用) で味をととのえる。器に盛り、好みでかつお節 (分量外) をのせる。

a

b

弱火
5
min

大根と白菜のみそ田楽

手軽に蒸してみそだれをかけるだけ。
旬の野菜で作るとよりおいしいです。

材料　（2〜3人分）

重ねる食材
❶ こんにゃく…½枚（120g）
❷ 白菜の葉…3枚（240g）
❸ 大根…5cm（125g）
❹ ちくわ…1本

塩…少々
水…100㎖
┌ みそ…大さじ1と½
A 砂糖…大さじ1と½
└ 酒…大さじ1

作り方

切る

❶ こんにゃくは横5mm幅に、❷ 白菜は一口大
のざく切り、❸ 大根は皮つきのまま1cm幅の
輪切り、❹ ちくわは1cm幅斜め切りにする
（a）。

重ねる

鍋に塩を振り入れ、重ねる食材を❶〜❹の順
に重ねて入れる（b）。

煮る

分量の水を加え、ふたをして弱火で20分大
根に火が通るまで煮る。

仕上げる

ふたを取り、器に盛る。耐熱容器にAを混ぜ
合わせ、ラップをかけずに電子レンジ（600W）
で1分加熱して具材にかける。

a

b

弱火
20
min

栄養豊富な五目ひじき

大豆や豚バラ、こんにゃくも加えた
五目煮のような具だくさんの煮物です。

Point

● ひじきの戻し汁には、ひじきの栄養やうまみが溶け出しているので、水と一緒に鍋に加えます。

材料 （2～3人分）

重ねる食材
❶ こんにゃく … ¼枚（60g）
❷ 乾燥ひじき（水で戻す）
　　… 8g分
❸ にんじん … ⅔本（120g）
❹ れんこん … 80g
❺ 大豆の水煮 … 30g
❻ 豚バラ薄切り肉 … 150g

塩 … 少々
水（ひじきの戻し汁と合わせて）
　　… 100㎖
A「 しょうゆ … 大さじ2
　└ みりん … 大さじ2

作り方

切る

❶ こんにゃくは横細切り、❷ ひじきは水けを絞り、❸ にんじん、❹ れんこんは皮つきのまま、それぞれ薄いいちょう切りにし、❺ 大豆は水けをきる。❻ 豚肉は4㎝幅に切る（a）。

重ねる

鍋に塩を振り入れ、重ねる食材を❶～❺の順に重ね、❻を広げてのせる（b）。

煮る

分量の水を加え、ふたをして弱火で10分煮る。

仕上げる

ふたを取り、Aを加えて中火にし、汁けが少なくなるまで炒める。

a

b

弱火
10
min

チンゲンサイと
切り干し大根のツナサラダ

作り方 ➡ p.92

にんじんの卵サラダ

作り方 ➡ p.92

かぼちゃとくるみサラダ

作り方 ➡ p.93

ほうれん草と かにかまのサラダ

作り方 ➡ p.93

チンゲンサイと切り干し大根のツナサラダ

切り干し大根のシャクシャク食感がクセになるツナ風味のサラダです。

材料 （2〜3人分）

重ねる食材
1. チンゲンサイ … 2株（200g）
2. 切り干し大根（水で戻す） … 10g分
3. にんじん … 4cm（40g）
4. ツナ缶（オイル漬け） … 1缶（70g）

塩 … 少々
切り干し大根の戻し汁 … 60㎖
しょうゆ … 小さじ2
塩（仕上げ用）… 適量

Point
- 切り干し大根の戻し汁は栄養たっぷりなので、捨てずに使ってください。

作り方

切る

1. チンゲンサイの茎は1cm幅、葉は4cm幅に切る。2. 切り干し大根は水けを絞って食べやすく切り、3. にんじんは皮つきのまま縦細切りにする。4. ツナは缶汁ごと使う（a）。

a

重ねる

鍋に塩を振り入れ、重ねる食材を1〜4の順に重ねて入れる（b）。

煮る

切り干し大根の戻し汁を加え、ふたをして中火で2分30秒煮る。

仕上げる

ふたを取り、ざっくりと混ぜて火を止める。粗熱が取れたらしょうゆを加えて和え、塩（仕上げ用）で味をととのえる。

b ／ 中火 2min 30sec

にんじんの卵サラダ

重ねて蒸すことでにんじんがフルーツのように甘くなりまろやかな味わいに！

材料 （2〜3人分）

重ねる食材
1. 玉ねぎ … 1/2個（100g）
2. にんじん … 1本（180g）
3. スライスベーコン（ハーフ）… 2枚

塩 … 少々
水 … 70㎖
ゆで卵（殻をむく）… 2個分
A「 マヨネーズ … 大さじ1
 └ 塩、こしょう … 各少々

Point
- ゆで卵は形が少し残るくらいにつぶしながら混ぜるのがおすすめです。

作り方

切る

1. 玉ねぎ、2. にんじん（皮つきのまま）は、それぞれ乱切り、3. ベーコンは1cm幅に切る（a）。

a

重ねる

鍋に塩を振り入れ、重ねる食材を1〜3の順に重ねて入れる（b）。

煮る

分量の水を加え、ふたをして弱火で15分にんじんがやわらかくなるまで煮る。

仕上げる

ふたを取り、汁けを飛ばしながらマッシャーなどでにんじんを粗くつぶす。ゆで卵を加えて粗くつぶし、Aを加えてよく和える。器に盛り、好みでイタリアンパセリ（分量外）を添える。

b ／ 弱火 15min

かぼちゃとくるみサラダ

なめらかな甘〜いかぼちゃに
くるみの香ばしさと食感がアクセント！

材料　（4人分）

重ねる食材
❶ かぼちゃ…1/4個（300g）
❷ 玉ねぎ…1/2個（100g）

塩…少々
水…70㎖
```
  ┌ くるみ（ロースト／粗く刻む）
  │     …適量
A │ 粉チーズ…大さじ1と1/2
  └ マヨネーズ…大さじ1〜
```
塩（仕上げ用）、こしょう…各適量

Point
● かぼちゃはじっくり加熱すると、驚くほど甘くなります。
● くるみは、使う前に乾炒りすると香りが増します。

作り方

切る
❶ かぼちゃは種とワタを取って一口大に切り、❷ 玉ねぎはみじん切りにする（a）。

a

重ねる
鍋に塩を振り入れ、重ねる食材を❶❷の順に重ねて入れる（b）。

煮る
分量の水を加え、ふたをして弱火で15分かぼちゃがやわらかくなるまで煮る。

仕上げる
ふたを取り、汁けを飛ばしながらマッシャーなどでかぼちゃをつぶす。Aを加えて混ぜ、塩（仕上げ用）、こしょうで味をととのえる。器に盛り、好みで刻んだパセリ（分量外）を散らす。

b　弱火 15 min

ほうれん草とかにかまのサラダ

かにかまのうまみが楽しめる
ナムルのようなサラダです。

材料　（2〜3人分）

重ねる食材
❶ もやし…1/2袋
❷ ほうれん草…3株（70g）
❸ にんじん…1/2本（90g）
❹ かに風味かまぼこ…50g

塩…少々
水…60㎖
```
  ┌ しょうゆ…小さじ1
A │ 塩…適量
  └
```

Point
● 加熱時間を短くして、もやしやほうれん草のシャキシャキ食感を残します。

作り方

切る
❷ ほうれん草は3cm幅に切り、❸ にんじんは縦にせん切り、❹ かにかまは細く裂く（a）。

a

重ねる
鍋に塩を振り入れ、重ねる食材を❶〜❹の順に重ねて入れる（b）。

煮る
分量の水を加え、ふたをして中火で2分30秒煮る。

仕上げる
ふたを取り、Aを加えて汁けを飛ばすように炒める。

b　中火 2 min 30 sec

りんごで作るいもきんとん

砂糖の代わりにりんごを使用。
さっぱりとした甘みでおやつにもおすすめ。

材料 （3〜4人分）

重ねる食材
1 りんご…½個
2 さつまいも … 中1本 (200g)
3 干しぶどう…30g

塩 … 少々
水 … 100㎖

Point

● 仕上げにレモン汁を少し加えると爽やか
に。クリームチーズ40gを加えて和え
てもおいしいです。
● 干しぶどうは、お好みで！
● 色よく仕上げたいときは、さつまいも
を水に5分ほど浸けてアク抜きすると
good。

作り方

切る

1 りんごは皮をむいて芯を取り、2 さつ
まいもは皮をむき、それぞれいちょう
切りにする (a)。

重ねる

鍋に塩を振り入れ、重ねる食材を1〜3
の順に重ねて入れる (b)。

煮る

分量の水を加え、ふたをして弱火で15
分さつまいもがやわらかくなるまで煮る。

仕上げる

ふたを取り、さつまいもとりんごをマッ
シャーなどでつぶし、汁けを飛ばしなが
ら全体を混ぜる。

a

b

弱火
15
min

えのきと小松菜の煮浸し

えのきのとろみで
味がしっかりなじみます。

材料と作り方 （2～3人分）

切る
①えのきたけ½株（100g）は石づきを落とし、②小松菜½束（100g）とともに、それぞれ3㎝長さに切り、えのきはほぐす。③にんじん4㎝（40g）は細切りにする。

重ねる
鍋に塩（少々）を振り入れ、切った食材を①～③の順に重ねて入れる。

煮る
水60㎖を加え、ふたをして弱火で7分煮る。

仕上げる
ふたを取り、みりん、しょうゆ（各大さじ1）を加えて混ぜながら1分ほど煮る。器に盛り、好みで白いりごまを振る。

きのこの大根おろし和え

大根おろしでさっぱり。
ハンバーグにのせても good。

材料と作り方 （2～3人分）

切る
①エリンギ1本（30g）は長さを半分に切って細く裂く。②えのきたけ、③しめじ各½株（100g、50g）は、それぞれ石づきを落としてほぐす。④油揚げ1枚は横1㎝幅に切る。

重ねる
鍋に塩（少々）を振り入れ、切った食材を①～④の順に重ねて入れる。

煮る
水60㎖を加え、ふたをして弱火で7分煮る。

仕上げる
ふたを取り、全体を混ぜ合わせる。器に盛り、軽く絞った大根おろし100gをのせ、好みで刻んだ小ねぎを散らしてポン酢しょうゆやめんつゆ（各適量）をかける。

野菜がおいしくなる基本の切り方

重ねて煮るだけレシピは野菜を切るのが1番のがんばりどころ。
基本の切り方をマスターしておくとスムーズです。

根菜類・果菜類

くし切り
丸い野菜を放射状に均等に切る切り方。まず半分に切り、芯などを取り除いて中心に向かって同じ幅で切る。

薄切り
不要な部分を切り落とし、端から1〜2mm幅で薄く切る切り方。本書のレシピでは食感が残るように繊維に沿って切るのがおすすめ。

みじん切り
玉ねぎなど丸いものは縦半分に切ってから縦と横に細かく切り込みを入れ、端から細かく刻む。棒状のものはせん切り（右参照）にしたものを細かく刻む。

ごぼう

ささがき
包丁で縦に十字に切り込みを入れ、ピーラーで薄くそぐように切る。ふんわりさせたいときは長めのリボン状に切るとよい。本書では水にさらさないので、切ってすぐ使用する。

根菜類

乱切り
不規則な形に切ることで切り口が大きくなり、火の通りがよくなる。まず、包丁を斜めに入れて切り、野菜を90度手前に回して同様に切る。これを繰り返す。

いちょう切り
円柱形の野菜を縦に四つ割りにし、端から指定の厚さに切る。半月切りにしてからまとめて半分に切ってもよい。

短冊切り
長さ4〜5cm、幅1〜2cm、厚さ1〜2mmの長方形を目安に。まず、野菜を4〜5cm幅に切り、縦に1〜2mm厚さの薄い板状に切り分け、寝かして1〜2cm幅に切る。

せん切り
にんじんは斜め薄切りにし、ほかの野菜は繊維に沿って薄切りにする。切った野菜を少しずらして重ね、端から1〜2mm幅に切る。葉物は葉を丸めるか重ねて切る。

いも類

角切り
1cmの角切りの場合は、まず1cm幅の輪切りにする。1cm幅の棒状に切ってから、横にして端から1cm幅に切る。

一口大
一口で食べられる約3cm四方を目安にする。じゃがいもなら1個を4〜6等分にするとちょうどよい。

しいたけ

切り分け方
傘と軸に分け、傘はレシピに記載している薄切りや四つ割り（一口大）、みじん切りにする。軸は先の黒い部分（石づき）を切り落とし、手で細く裂く。

ストック重ね煮と
アレンジおかず

味つけをしない重ね煮を多めに作ってストックし、
毎日のおかずに使っていきます。
和洋中、ジャンルを選ばず
気分に合わせてアレンジが可能です。

作り置きにして
おかずの素に！

基本のストック重ね煮

味をつけずに重ねて煮るだけ。
いろいろな料理の具材に大活躍するおかずの素。
うまみたっぷりなので、そのままポン酢などをかけて食べてもおいしいです。

材料 （600g分）

重ねる食材
❶ 生しいたけ…6枚（90g）
❷ 玉ねぎ…2個（400g）
❸ にんじん…1本（180g）

塩…少々
水…100㎖

作り方

切る

❶ しいたけは石づきを落とし、傘は薄切り、軸は細く裂く。❷ 玉ねぎは縦薄切り、❸ にんじんは皮つきのまま5㎝長さのせん切りにする（a）。

重ねる

鍋に塩を振り入れ、重ねる食材を❶～❸の順に重ねて入れる（b）。

煮る

分量の水を加え、ふたをして弱火で20～25分煮る。

仕上げる

ふたを取り、水分が残っていたら混ぜながら飛ばし、火を止めて冷ます（c）。

a

b

c

弱火
20～25
min

保存

清潔な保存容器や保存袋に入れ、冷蔵で5日ほど。

野菜たっぷりハンバーグ

肉だねにストック重ね煮を加えたヘルシーハンバーグ。
小さく成形すればお弁当のおかずにも。

材料 （2〜3人分）

基本のストック重ね煮（p.99 参照）
　　　… 100g

A
- 合いびき肉 … 200g
- 卵 … 1個
- パン粉 … 大さじ3
- 牛乳 … 大さじ2
- 塩、こしょう … 各小さじ1/3

サラダ油 … 大さじ1

作り方

1 ストック重ね煮は汁けを軽く絞ってみじん切りにする。

2 ボウルに1とAを入れ、粘りが出るまでよく練り混ぜる。

3 2を6等分して小判形に成形する。

4 フライパンにサラダ油を中火で熱し、3を並べ入れて焼く。焼き色がついたら裏返してふたをし、弱火で6分蒸し焼きにする。再び裏返してふたをし、火が通るまで3分ほど蒸し焼きにする。

5 器に4を盛り、好みでレタスとミニトマト（各分量外）を添え、中濃ソース（分量外）をかける。

ラクちんマカロニグラタン

先にホワイトソースの材料を混ぜておくことで
だまになりにくく簡単にとろ～りソースが作れます。

材料 （2人分）

ウインナーソーセージ… 2本
マカロニ… 50g
┌ 牛乳… 200㎖
A 薄力粉… 大さじ 2
└ 顆粒コンソメ… 小さじ 1
バター… 10g
基本のストック重ね煮（p.99 参照）
　… 60g
ピザ用チーズ… 60g

作り方

1　ウインナーは斜め薄切りにする。マカロニは袋の表記通りにゆでて湯をきる。ジッパーつき保存袋に A を入れて振り混ぜる。

2　フライパンにバターを中火で熱し、ウインナーをこんがり焼く。ストック重ね煮と1のマカロニ、混ぜた A を加え、とろみがつくまで混ぜながら加熱する。

4　耐熱容器に2を入れてチーズをかけ、オーブントースターで焼き色がつくまで焼き、好みで刻んだイタリアンパセリ（分量外）を散らす。

ボリューミーなピザ風トースト

ストック重ね煮とチーズをトッピングするだけ。
忙しい朝にもおすすめです。

材料 （1人分）

食パン（好みの厚さ）… 1枚
トマトケチャップ、マヨネーズ… 各適量
基本のストック重ね煮（p.99参照）
　　… 30g
ピザ用チーズ… 適量

作り方

1 食パンにケチャップとマヨネーズを塗り、ストック重ね煮をのせてチーズをかける。

2 1をオーブントースターで焼き色がつくまで焼き、好みで刻んだパセリ（分量外）を散らす。

ストック重ね煮とツナのトマトペンネ

ストック重ね煮とツナをケチャップで味つけしたソースが決め手。
ペンネをゆでている間にさっと作れます。

材料 （2人分）

ペンネ… 50g
オリーブオイル… 大さじ1
にんにく（みじん切り）… 1かけ分
基本のストック重ね煮（p.99参照）
　　… 200g
ツナ缶（オイル漬け）… 1缶（70g）
┌ トマトケチャップ… 大さじ3
A
└ 水… 大さじ4

作り方

1 ペンネは袋の表記通りにゆでる。

2 フライパンにオリーブオイル、にんにくを入れて弱火で炒める。香りが立ったらストック重ね煮、ツナ缶（汁ごと）、Aを加え、2分ほど炒める。

3 1の湯をきって2に加え、手早く混ぜる。器に盛り、好みで刻んだ小ねぎ（分量外）を散らす。

ストック重ね煮と
ひき肉の簡単春巻き

ストック重ね煮とひき肉をあんでとじて具材に。
ごま油やオイスターソースで中華風にしても good。

材料 （10個分）

サラダ油 … 小さじ1
豚ひき肉 … 150g
基本のストック重ね煮（p.99 参照）… 150g
「 しょうゆ … 小さじ⅔
A
└ 塩 … 適量
春巻きの皮 … 10枚
揚げ油 … 適量

作り方

1 フライパンにサラダ油を中火で熱し、ひき肉を
　炒める。色が変わったらストック重ね煮と、A
　を加えて炒める。バットなどに広げて粗熱を取
　る（a）。

2 春巻きの皮の手前に1を¹⁄₁₀量のせ（b）、両端
　を折り込んで棒状に包む（c・d）。巻き終わりは、
　水または水溶き薄力粉（分量外）で留める。残
　りも同様に包む。

3 フライパンに揚げ油を1㎝深さに入れて170℃
　に熱し、2をきつね色になるまで揚げる。

a

b

c

d

野菜たっぷりじゃが煮

いつものじゃが煮にストック重ね煮を加えてボリュームアップ。
一品で野菜がたくさん摂れます。

（p.99 参照）

材料（2人分）

じゃがいも … 2個（200g）
ごま油 … 大さじ1
豚ひき肉 … 150g
基本のストック重ね煮（p.99 参照）
　… 100g
A ┌ 水 … 200㎖
　│ しょうゆ … 大さじ1と½
　│ 砂糖 … 大さじ1
　└ 酒 … 大さじ1

作り方

1　じゃがいもは一口大に切る。

2　フライパンにごま油を中火で熱し、ひき肉を炒める。色が変わったら1、ストック重ね煮、Aを加えてふたをし、10分煮る。

3　ふたを取り、混ぜながら汁けが少なくなるまで煮詰める。

具だくさん卵焼き

卵にストック重ね煮を混ぜて焼くだけ。
野菜も一緒に食べられる具だくさん卵焼きです。

材料 （2人分）

卵…3個
基本のストック重ね煮（p.99参照）
　…60g
サラダ油…大さじ1と1/2

作り方

1　ボウルに卵を溶きほぐし、ストック重ね煮を加えて混ぜる。

2　卵焼き器にサラダ油（大さじ1/2）を中火で熱し、1を1/3量流し入れて全体に広げる。半熟状になったら奥から手前に巻く。

3　卵焼きを奥へずらし、手前に残りのサラダ油（大さじ1/2）を足し、1の残りを1/2量を流し入れ同様に巻く。これをもう1回繰り返す。

4　3を取り出して形を整え、粗熱が取れたら食べやすく切る。器に盛り、好みで大根おろし（分量外）を添える。

もやしの
お手軽ナムル

ゆでた青菜や切り干し大根でも作れます。

（2〜3人分）

もやし…1/2袋
「 水…大さじ1
A
└ 塩…少々
基本のストック重ね煮（p.99参照）… 100g
「 ごま油…小さじ1
B しょうゆ…小さじ1
└ 鶏がらスープの素…小さじ1

作り方

1 もやしはさっと洗って鍋に入れ、Aを加え
てふたをし、強火で1分蒸し煮にする。

2 ふたを取り、粗熱を取って汁けをきる。ボ
ウルに入れて、ストック重ね煮とBを加え
て和える。器に盛り、好みで白いりごま（分
量外）を散らす。

栄養満点の納豆和え

ごはんや麺類にかけてどうぞ！

材料 （1人分）

基本のストック重ね煮（p.99参照）
　… 40g
納豆…1パック
付属のたれ…1袋

作り方

すべての材料をよく混ぜ合わせて、器に盛る。

混ぜるだけ即席スープ・みそ汁

ストック重ね煮を具材にして
コンソメやみそをお湯で溶けば完成です。

材料 （各1人分）

スープ

基本のストック重ね煮（p.99参照）
　…約30g
顆粒コンソメ…小さじ2/3
湯…150㎖

みそ汁

基本のストック重ね煮…約30g
みそ…10g
和風顆粒だし…小さじ1
湯…150㎖

作り方

それぞれ、すべての材料を器
に入れて混ぜ合わせる。みそ
汁は、好みで刻んだ小ねぎ（分
量外）を散らす。

重ねて煮るだけレシピ
Q & A

フォロワーさんから多くいただく質問にお答えします。

Q どんな野菜でも作れる?

A 好みの野菜に変更してアレンジしても
OKです。ただし、重ねてふたをして
煮ると食材の味を引き立てますが、苦味やエ
グ味も強く出してしまうことがあるので、ゴー
ヤやピーマンのヘタや種、ワタなどは入れな
いでください。また、ブロッコリーは長時間
加熱するとくたくたになりすぎるため、別で
蒸してから仕上げに加えるのがおすすめです。

Q 冷凍野菜を使ってもOK?

A 生の野菜と組み合わせて重ねる
と、冷凍野菜から水分が出て蒸
しやすくなります。冷凍野菜だけで作
る場合は、加える水分量を減らすか、
仕上げに水分をしっかり飛ばすなど
して、水っぽくならないように調節し
てください。

Q 子どもウケが いいメニューは?

A 人気No.1は、"豚汁"。フォロワ
ーさんから「子どもが食べてくれ
た!」と報告をよくいただくのは、スー
プやみそ汁。汁物なら、野菜の栄養が溶
け出しているスープを飲んでくれるだけ
でもいいと思います。うちの娘は豚汁や
ミートソース、キーマカレーが大好きです。

Q 根菜だけがかたい……

A 同じ野菜でも季節や育成・収穫
状況などにより、皮の厚みや水
分量が異なります。また、ご家庭のコ
ンロによっても火加減は変わってく
るので、レシピの加熱時間と水の量を
目安にして調節してください。根菜を
少し小さく切ってもよいです。

Q 同じ層の野菜が数種類 あるときは入れる順番はある?

A まずはレシピ通りに作ってみて、
慣れてきたらアレンジを楽しん
でいただきたいです。早見表の同じ層
の中であれば、順番は考えなくても大
丈夫。よりこだわりたい場合は、水分
の多いものから入れてください。多少、
入れ替わっても大丈夫! 気軽に作っ
てください。

野菜ソムリエ

さや

野菜ソムリエの資格を持つ2児の母。次女の出産後、体力の低下から料理を思うように作れなかった時期に「重ね煮」に出会い、野菜料理に目覚める。野菜嫌いの娘がおいしく食べてくれた喜びを多くの人に伝えたいという思いから、野菜ソムリエの資格を取得。「野菜をラクしておいしく」をモットーに、SNSやレシピサイトNadia、雑誌などを通して、重ね煮をはじめとする野菜レシピを発信している。SNS総フォロワー数、40万人超(2025年2月現在)!
Instagram:@saya__gohan

Staff

デザイン	蓮尾真沙子 (tri)
撮影	鈴木真貴
スタイリング	大関涼子
イラスト	イケマリコ
編集協力	岩越千帆
校正	佐々木彩夏

野菜ソムリエさやが教える　超かんたん!
重ねて煮るだけレシピ

2025年　2月28日　第1刷発行
2025年　7月5日　第5刷発行

著者	さや
発行者	矢島和郎
発行所	株式会社 飛鳥新社
	〒101-0003
	東京都千代田区一ツ橋2-4-3　光文恒産ビル
	電話 (営業) 03-3263-7770 (編集) 03-3263-7773
	https://www.asukashinsha.co.jp
印刷・製本	中央精版印刷株式会社

編集担当　吉盛絵里加